U0731157

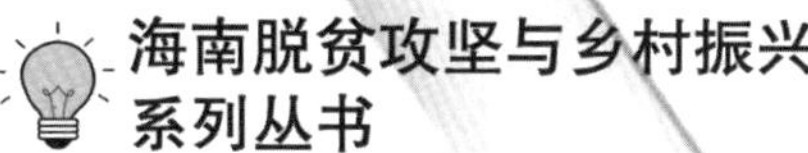

海南农村创业案例集

HAINAN NONGCUN CHUANGYE ANLIJI

主　编　孙铁玉
副主编　吴晓匀　曾纪军

·青岛·

图书在版编目（C I P）数据

海南农村创业案例集 / 孙铁玉主编. —青岛 : 中国海洋大学出版社, 2020.4
（海南脱贫攻坚与乡村振兴系列丛书）
ISBN 978-7-5670-2451-9

Ⅰ. ①海… Ⅱ. ①孙… Ⅲ. ①农村-创业-案例-海南 Ⅳ. ①F249.214

中国版本图书馆 CIP 数据核字(2020)第 021547 号

出版发行 中国海洋大学出版社
社　　址 青岛市香港东路 23 号
邮政编码 266071
出 版 人 杨立敏
网　　址 http://pub.ouc.edu.cn
电子信箱 1922305382@qq.com
订购电话 0532-82032573（传真）
责任编辑 曾科文　陈　琦　　　　**电　　话** 0898-31563611
印　　制 海南金永利彩色印刷有限公司
版　　次 2020 年 4 月第 1 版
印　　次 2020 年 4 月第 1 次印刷
成品尺寸 170mm × 240mm
印　　张 11
字　　数 185 千
印　　数 1—6000
定　　价 42.00 元

发现印装质量问题，请致电 0898-36377838 调换。

《海南脱贫攻坚与乡村振兴系列丛书》编写委员会名单

主　　　任：吴慕君　　孔令德

常务副主任：温　强

副　主　任：张君玉　　符成彦　　官业军　　尚世奇

曾纪军　　黄惠清　　莫少文

委　　　员：（按姓氏笔画排序）

汤　倩　　孙铁玉　　杨　燕　　吴晓匀

胡献明　　蒋美玲

序

“小康不小康，关键看老乡，关键看贫困老乡能不能脱贫。”党的十八大以来，以习近平同志为核心的党中央把脱贫攻坚摆到治国理政的突出位置，实施精准扶贫精准脱贫基本方略，加大扶贫投入，创新扶贫方式，推动脱贫攻坚取得历史性成就和决定性进展，贫困人口从2012年年底的9 899万人减到2019年年底的551万人，贫困发生率由10.2%降至0.6%，连续7年每年减贫1 000万人以上，谱写了人类反贫困历史上的辉煌篇章。

海南省委、省政府深入贯彻落实习近平总书记关于扶贫工作的重要论述，把脱贫攻坚与乡村振兴作为海南全面深化改革开放、建设自由贸易试验区和中国特色自由贸易港的基础工作和第一民生工程抓牢抓实，把打赢脱贫攻坚战作为实施乡村振兴战略的优先任务强力推进，到2019年底全省贫困发生率降至0.01%，提前一年基本完成脱贫任务，乡村振兴呈现新局面，为海南全面建成小康社会、加快建设自由贸易港打下了坚实基础。

习近平同志指出，办好农村的事，要靠好的带头人，靠一个好的基层党组织。海南坚持“五级书记一起抓”脱贫攻坚和乡村振兴，切实加强农村基层党组织建设，充分发挥驻村第一书记和乡村振兴工作队、驻村工作队的中坚作用，积极培育农村致富带头人，吸引乡村本土人才回流，为打赢脱贫攻坚战和实施乡村振兴战略提供坚强组织保障和人才保障。2018年以来全省先后选派了1 677名驻村第一书记、2 758支乡村振兴工作队和8 583名乡村振兴工作队员到农村工作。他们扑下身子，吃住在村，在广阔农村抛洒汗水、耕耘希望，取得累累硕果，为打赢脱贫攻坚战、实现乡村振兴做出了积极贡献。

《海南脱贫攻坚与乡村振兴系列丛书》，将奋战在海南脱贫攻坚与乡村振兴最前线的驻村第一书记、基层干部、农村致富带头人及其他优秀干部的事迹，以及帮扶工作、脱贫故事、致富经验等典型案例汇编成书，呈现扎根农村、开拓创新、自强不息、扶贫济困、共同富裕的思想与精神，展现驻村干部和基层干部的风采以及贫困群众精神面貌和生活状态的变化，总结提炼海南减贫模式、成效和经验，具有一定的纪实性、史料性、借鉴性与可复制性。希望通过系列案例集的编写，进一步讲好海南脱贫故事，以先进典型激励广大驻村干部、基层干部的积极性，激发广大农民群众的内生动力，鼓舞和动员全社会聚焦农村，形成推进脱贫攻坚与乡村振兴的强大合力，为加快建设海南自由贸易港做出新的贡献。

海南省委副书记 李军

2020 年 4 月 2 日

目　录 CONTENTS

·陵水县·

·昌江县·

·保亭县·

·琼中县·

·白沙县·

·海口市·

王统平

人物名片

王统平，男，1968 年 12 月出生，2005 年 12 月 21 日加入中国共产党。现任海口市三江镇道学村“两委”干部、海南裕昌龙实业有限公司总裁助理。2004 年，时年 36 岁的王统平自泰国归国，在家乡道学村开始了创业历程。他成立割草队，为村民解决就业问题；成立合作社养虾和吊蚝，带动当地海产养殖业发展；带领村民种植椰树致富。在王统平的创业经历中，与村民共同致富是不变的主题。无论从事什么行业，他总是想着如何给家乡和村民带来收益。如今，他任职的裕昌龙实业有限公司经营的莲雾基地，给附近村民提供 100—120 元 / 天的零工收入，他的椰树种植产业成熟后每年将带来几十万元的经济收入。

村庄基本情况

道学村委会位于三江镇西北部，距镇墟 5 千米，西与茄芮村接壤，南与茄南村毗邻，东北为临海区域。全村土地总面积 3.5 平方千米，耕地面积 192 公顷，主要产业为捕捞业，人均年收入达 9 500 元。该村设有村党支部和村委会 2 个机构。村党支部下设 3 个党小组，正式党员 65 名，其中预备党员 2 名，女性党员 13 名；村委会下辖 9 个自然村，10 个村民小组，共有村民 211 户，675 人，其中常住人口 620 人，外出人口 55 人，村里特困户 5 户 5 人，低保户 6 户 16 人，贫困户 7 户 22 人，残疾人 20 人。村“两委”班子成员 5 人，全部实现交叉任职。

创业过程

成立三平泰种养专业合作社，带动养殖产业发展

2004 年，王统平从泰国归国，在道学村委会下湖村任村小组长。因为在下湖村整治村霸，打下了良好的群众基础，2007 年王统平被推选成为村“两委”干部、治保主任。同年，王统平开始谋划产业发展，他投资 3 万元与朋友成立了三平泰种养专业合作社，养殖虾和吊蚝。由于养虾的技术含量较高，水质、气候等因素都会对虾的产量造成巨大影响，稍不注意，就可能亏损。为此，王统平没少费心思，他自学了许多养殖方面的知识，靠着学习的韧劲和拼劲，逐渐成为养殖方面的“专家”。在王统平的细心管理下，他的养殖场每 3 个月出产一批成虾，吊蚝产量也较好，一年产生经济效益 10 余万元。在三平泰种养专业合作社等经济组织的带动下，道学村及附近村养殖虾和吊蚝的村民也逐渐增加，王统平的养殖技术更加有了用武之地，村民们常来与他交流、向他讨教。

2010 年，一场洪灾袭击海南，王统平的养殖产业遭受了巨大损失，他投资 30 万元养殖的吊蚝经日夜抢收才勉强收回成本。经历这次劫难，王统平没有一蹶不振，他迅速调整后重新出发。现在，他的养殖产业又步入正轨，每年还能为村民提供几次打零工的机会。

从村干部到企业管理人员，为村民提供就业

2013 年，海南裕昌龙实业有限公司（三江豪福江莲雾基地）董事长邀请王统平到基地任管理人员，因考虑到自己对莲雾种植并不熟悉，王统平没有接受这个提议，用他的话来说，自己不具备这方面的能力，受之有愧。2016 年，该企业再次向王统平抛出橄榄枝，这一次，他反复推脱没有成功，只好应承下来，并主动将薪酬从 8 000 元 / 月降到了 5 000 元 / 月。管理莲雾基地后，王统平又开始钻研琢磨起莲雾种植技术，他经常跟着技术员到地里学习，遇到不明白的就主动问，很快他掌握了莲雾催花、剪枝的技巧和最佳时机，管理起来也轻松了不少。

每到莲雾基地催花、剪枝、摘果时期，都有不少村民前来打零工，王统平总是很照顾他们。村民在基地打零工，一般可收入 100—120 元 / 天，有技术的村民甚至能拿到 160—200 元 / 天。有些村民在基地里学了技术，也开始种植莲雾。在基地带动下，附近的茄芮村也成立了莲雾种养专业合作社，不少村民以家庭为单位种起了莲雾。茄南村 1 户村民种植 200 棵莲雾，每年通过电商平台销售，一年收入 10 余万元。

除了替企业管理莲雾基地，王统平自己也承包了 1 000 多棵莲雾。他自信地说："现在莲雾市场没饱和，价格高，只要管理好，就不怕没收益。"

瞄准商机，带领村民种植椰树致富

王统平家族的一个亲戚长年做椰叶生意（花店常用椰树中间部分的嫩椰叶来装饰花篮），经过多年关注和细心了解，他发现这个产业很有市场前景，椰叶在鲜花市场上常常供不应求。

说干就干！由于王统平在道学村群众基础深厚，家里没有劳力的村民都主动将闲散的土地交给他来种植，他很快整合了 10 余家村民的 42 亩（1 亩 =0.0667 公顷 =666.67 平方米）土地。他与村民达成的合作协议是，购买椰子苗的资金和管理费由王统平个人出，村民不收取土地租金，椰树获利后（扣除成本）双方按一定比例进行分红。在王统平的计划中，42 亩土地能种植 4 000 多棵椰子苗，2 年后出售其中的 2 000 株以扩大株距，这时可初次获利。剩下的 2 000 多株椰树长到 4—5 年，就可以割片。一年割片 4—5 次，每次可收入 200—300 元 / 棵。粗略估算，每户村民一年可收入几万元。

主要成效

在王统平的带头致富作用下，道学村人均收入有了提高，人均年收入达到 9 500 元。道学村及邻近村养殖、种植产业规模进一步扩大，养殖虾和吊蚝、种植莲雾和其他经济作物的村民越来越多，成立了几家合作社，产业发展势头较足。在王统平管理的基地和他开办的虾厂中，稳定就业的村民每月收入 2 000 元以上，打零工的村民每天收入 100 元以上，村民实现增收。他整合村民的闲散土地种植椰树，既盘活了村里的土地，也帮助没有劳动力的村民发展产业，与村民共享产业发展成果，较好地带动了村民致富。

经验与启示

一是要善于学习。发展种（植）养殖业，创业者自己要有技术，不但要精通种（植）养殖专业知识，还要不断加强对新技术、新知识的学习。面对经济作物复杂多变的病虫害，虾和吊蚝对水质、气候的高要求，只有坚持不断学习，与时俱进，接受新的理念、新的举措，用新的技术手段来管理，才能有效防范风险，及时解决生产过程中的各类难题，实现稳定增收。

二是要与村民共同致富。一个人富不算富，共同致富才是富。看到致富创业者的帮助有了成效后，其他村民也会纷纷伸出援助之手帮助贫困村民。有了这份信任，村民也愿意帮助和支持创业者创业。互帮互助，村民的心才能越来越齐，生活才能越来越富裕。

三是要抓住机遇。乡村振兴战略给农村发展带来了许多新的机遇，第二轮土地承包到期后再延长 30 年，不仅可以放心大胆地谋划长远发展，而且能够发挥土地的最大潜力创造最大效益，着实给广大创业者吃了一颗“定心丸”。作为农村创业者，要抓住党和国家给予的发展机遇，积极整合土地，瞄准商机，因地制宜发展产业，为家乡的建设添砖加瓦。

林声茂

人物名片

林声茂，海南省海口市灵山镇大昌村人，海口声茂咸水鸭养殖产销专业合作社理事长。合作社多次被市、区政府评为模范示范社，2016 年被美兰区科技协会、区财政局评为“科普惠农先进单位”，同年，林声茂被评为“海口市农村青年致富带头人”。

村庄基本情况

大昌村位于海口市东海岸，东与桂林洋农场隔江相望，南与大林、林昌村交界，西与东营、新管村毗邻，北临琼州海峡，也就是海文高速公路 3 千米处北侧，方圆 8 平方千米，总面积 8 130.28 亩，耕地面积 3 698 亩，辖下有 15 个自然村（20 个村民小组），936 户，3 807 人。明嘉靖年间，孔子 61 世孙孔弘集来琼经商，后落籍灵山，繁衍后代，现仍有近 200 户孔氏后人居住。

大昌村有独特的自然地理条件，国兴大道横穿大昌中心境地，三面环水，大海、沙滩迷人，两条溪流如双龙环抱，海淡水资源丰富，地势平坦，土地肥沃，是神州鱼米之乡。

近年来，大昌村在党的富民政策鼓舞下，进行农业产业结构调整，充分利用本地的地理优势，大力发展无公害蔬菜种植、海淡水养殖和花卉种植。目前全村种植瓜菜 1 200 亩，发展海淡水养殖 1 000 亩，种植花卉 200 亩以及兴办万头规模的大昌养猪场，业业齐发展，村村庆丰收，户户有增收，人人笑开颜，人均年收入达 3 885 元。

创业过程

吃苦耐劳勇创业

1. 依托优势，发展特色产业。2012 年 12 月 5 日，林声茂看到大林村养殖咸水鸭的先天条件，创办了海口声茂咸水鸭养殖产销专业合作社。合作社注册资本 50 万元，租赁集体土地 198 亩，主要从事咸水鸭养殖、屠宰和销售。最初，合作社咸水鸭年饲养量仅 3 万只，通过逐年积累不断

发展，到 2015 年，合作社年出栏咸水鸭 15 万只，如今，合作社咸水鸭年出栏量达到 80 万只以上。

2. 放苗合作，壮大产业规模。2015 年，海口市政府为保护生态环境，划分了养殖区和禁养区。合作社执行市政府的规划，将养鸭场搬出禁养区，把原来的养鸭基地改为咸水鸭销售中转站。同年，合作社发展了大致坡、新坡、文昌、澄迈等地咸水鸭养殖基地 6 个，通过合作社放苗、提供饲料，基地农民饲养，合作社负责按市场价回收销售的方式，合作社产业规模不断壮大，成员不断增加，经济基础不断巩固，多次被市、区政府评为模范示范社。

3. 养屠结合，相互促进发展。一直以来，合作社均以送活鸭入市出售，直到 2016 年，海口市政府出台禁止活体食品入市规定，合作社为了巩固产业发展，决定以养促屠，以屠促养。2016 年 8 月，合作社向市、区农业部门提出以配套农业设施创办羊和禽类屠宰场的申请，得到相关职能部门的大力支持，用 2.75 亩农业设施配套用地，投入 300 多万元建起 1 200 平方米的屠宰场，购置全自动流水线屠宰作业机械，配套现代屠宰排污设备，日屠宰禽类 1 000 只以上，实现养屠结合，相互促进发展，强化了合作社经济的示范作用。

“田教授”传帮带贫困户

林声茂有养殖、管理、发展咸水鸭的技术和技能，他的合作社年出栏咸水鸭 25 万只，年产值 1 000 多万元，是灵山乃至全区的咸水鸭养殖大户之一。为了帮助贫困户发展产业顺利脱贫，爱群村聘请林声茂为“田教授”。他积极配合镇政府工作，常常下村给贫困户和村民讲解授课，受到了村民们的热烈欢迎。为了扎实推进脱贫攻坚工作，爱群村的贫困户参加了声茂合作社，他们一方面接受“田教授”林声茂咸水鸭养殖培训，另一方面在村里发展咸水鸭养殖，确保了每人每年有 10%的入股分红。爱群村贫困户冯红彬，在“田教授”林声茂的传帮带下，掌握了咸水鸭养殖技术，在家开展咸水鸭养殖，年出栏 3 批，每批 150 只，年出栏 450 只，年增加纯收入 5 670 元，顺利脱贫。

主要成效

2017—2018 年，在灵山镇委、镇政府及市区扶贫部门的指导下，声茂合作社以发展带动为目标，以精准扶贫、共同脱贫致富为准则，吸收灵山镇 42 户贫困户 162 人，共投入 25.42 万元，平均每户投入 6 052 元，2017 年已分红 7.11 万元给贫困户；32 户低保户入股 9.6 万元，每户投入 3 000 元，参与合作社人员每股年获利 10%。这既增加了合作社的发展资金，也提升了贫困户的养鸭技能，增加就业岗位，三级扶持脱贫取得很大成效。

经验与启示

城乡一体化进程中，在转移农村富余劳动力的大环境下，很多农村青年外出务工，农村青壮年劳动力大幅度减少，进而引起农村创业群体的弱化。文化程度、思想观念、融资困难等因素，严重制约着农村青年创业热情，影响着创业进程。同时，农村科技人才总量匮乏、结构失衡、分布不合理，农村青年创业呈现出技术含量低、更新慢、发展空间狭窄的现状。但也要看到，正因为农村创业难，巨大的农村市场待开发，在农村中，在种植、养殖、农畜产品加工、流通、企业经营管理等方面掌握了实用技术和先进管理才能的新型青年农民更可以施展才华，通过创办实业来改变自己的人生，促进农业发展，改善农村面貌。

各级政府要创造更好的环境，提供更广阔的舞台，让有更多创业激情的年轻人投身到农村创业的队伍中来，带领大家共同致富。

首先要做好调查摸底工作，引导青年树立正确的创业就业观。一是做好调查摸底工作。建议由各乡镇、社区劳保所对所辖区内青年情况进行调查，全面了解本地青年数量、受教育程度、就业创业意向及掌握技能等情况，建立青年就业创业资料库，为服务青年就业创业提供翔实数据。二是做好思想引导工作。建议劳动保障、团委、工会、教育等部门，对返乡青年、大中专毕业生等待业青年进行就业指导，帮助青年分析形势，引导青年树立正确择业观念，正确看待自己的实力，选择熟悉的领域创业就业。应转变青年就业观念，培养树立青年创业典型，引导青年率先创业就业。

其次加大宣传力度，营造鼓励青年创业的社会氛围。充分利用网络、电视等渠道传播各类致富信息，拓宽农村青年视野，加强农村青年与外界的联系，引导青年在创业过程中改变生存状态，体现自我价值，鼓励农村青年敢于创业、积极创业。选树创业成才典型，结合实际工作，大力宣传近年来在中棚种植、专业合作社等领域成功创业的青年农民，在全县（市）范围内营造浓厚的创业氛围，激发广大青年的创业热情。

最后要借助政府的力量，建立青年创业就业激励机制。一是全面贯彻落实惠农政策，加大政府支持力度，激发青年自主创业的积极性。二是有效保障合法权益。要想提高青年创业就业的热情，必须解决他们的后顾之忧，降低创业风险，给予适当扶持，政府要出台有关青年创业就业方面的优惠政策。三是融资便利，保证创业资金。农村青年创业主要依靠小额贷款或政府提供的低息贴息贷款为基础，要让资金及时快捷地发放到创业者手中，发挥及时雨的作用，把握创业和发展的良机。四是相关部门做好沟通协调，形成合力，在提升青年创业就业能力方面充分发挥作用。同时做好科学规划，切实把农村技能培训农村青年创业联系起来，激励更多的青年加入创业队伍中，形成全社会共同关注青年创业就业，广泛支持青年创业就业的局面。

人物名片

王杰，海南省海口市石山镇三卿村人。共产党员，三卿村村主任。1997 年毕业于海南大学国际金融专业，曾任上市公司和大型房地产公司的财务高管。通过创办合作社，以“互联网 +”带动村民增收致富。

村庄基本情况

三卿村，村名源于“三公九卿”，宋代古村，是海口保存较为完整的火山石古村落，2014 年被评为“中国传统村落”。全村约 90 户 500 多人，目前除少部分人住在古村外，大部分都住在外面的新村。

三卿村自古民风淳朴，文化底蕴深厚，有丰富的农业资源和旅游资源。村庄从南到北呈现出火山—田园—林带—村落的格局。村周围有 4 座典型的火山口，有近 1 000 亩的火山梯田，有环村的野生荔枝林以及独木成林的高山榕等原生林。村内有建在天然熔岩流上原汁原味的古石巷，有明清时期留存的古城墙、古石屋 100 多栋，有体现火山文化和中国传统文化的“安华楼”“豪贤门”“敬字塔”“古学堂”“古拜亭”等。

三卿村是一个不加修饰的世界，古老的石屋和浓郁的火山风情共生，古朴和绿树相拥杂陈，火山奇观和火山人文交相辉映，这是特色鲜明的历史遗存和年轮标志，是一笔不可多得的文化财富，它属于石山，属于中国，更属于全世界。

三卿村 90%以上为农业人口，主要种植木薯、甘蔗等经济作物，产量不高且价格低。2013 年以前人均年收入仅为 4 000 元左右。收入不够稳定，生活比较困难。目前，三卿村在各级政府的帮助和指导下，特别是在石山互联网农业小镇的帮助下，通过资源整合和平台搭建，运用“互联互+”，通过 O2O 方式，即“线上销售，线下体验”的方式，把“互联网 + 旅游”

和“互联网 + 农业”有机结合起来，促进第三产业与第一产业高度融合，推动整个村庄产业调整和升级，促进农民可持续增收致富。

创业过程

王杰出生在海口市秀英区石山镇三卿村，1997 年毕业于海南大学国际金融专业，大学毕业后，曾经在上市公司当过财务高管。2009 年，王杰任一家大型房地产公司的财务高管，有一次回家跟乡亲们聊天得知，他们世代种植的甘蔗、木薯等经济作物年收益不足 500 元，有时还亏本。而他们种植庄稼的这些火山富硒土壤可是世界上黄金般的土地，这些土地种出来的农副产品在世界其他的地方价格都卖得很高。

看着乡亲们守着金土地过穷日子，王杰心里百味杂陈。如何利用这些好的土地资源来发展生产提高农民的收益，成为他人生中的一个课题。经过思考，王杰认为种植野菜应该不错。于是经同学引荐，乘 2009 年五一假期，他来到广东从化一个有机野菜农场考察，此行让他发现野菜市场前景广阔，价格又好，如果引进到火山地区种植，效益应该不错。考察回来后，6 月份王杰就写了辞职书，决定回家种野菜。得知他的想法后，父母和妻子极力反对，说：“要知道你回来种地，当初就不送你读大学了。”而村民更是用嘲笑的眼光看他：是不是在外面混不下去了才回来呀。种种猜疑，种种眼光，很不理解。特别是王杰的妻子认为好端端的工作不干，要回家种菜，简直是疯了，俩人还为此发生了矛盾。

作为一名从农村走出去的大学生和党员，怀着对家乡的热爱，认定的事情，就大胆去做。王杰开始和农民流转土地，拉水管，请农民种植黄秋葵、辣木、珍珠菜、紫背天葵等野菜新品种，在克服种种困难后，经过不断地摸索和实践，终于获得成功，每亩野菜每月的产值达到 3 000 多元，年收益近 3 万元。经过 2 年多的实践，在取得种植经验和市场培育成熟后，为了带动更多的农民致富，2012 年，王杰成立了合作社，发展近 20 个社员，火山野菜也已成为三卿村的品牌，产品供不应求。

2013 年，在父老乡亲的邀请和支持下，王杰被推选为三卿村民小组组长。如果说返乡是一种情怀，那么当上三卿村村主任就是一种责任与担当。当上村主任后，作为党员干部，一种使命感油然而生，成为王杰人生中一个转折点。

王杰看到三卿村丰富的乡村旅游资源，看到乡村旅游的发展前景，为了吸引旅客，他充分挖掘火山石古村以及村周围的火山、火山田园，开发了三条具有火山特色地质生态文化的乡村徒步旅游路线。他还推出火山特色农家乐餐饮，以火山石板烤肉为主题的“标准化、流程化和特色化”原生态美食，以公期式的农家乐由每家每户去接待，让村民从提供服务和自销农副产品中受益。

在产品营销上，王杰一改过去盲目生产的方式，根据网络订单以销定产来指导农民生产的品种、数量，并通过包装设计、赋予产品故事、用途功效等进行品牌化打造，以高于本地市场几倍的价格进行网络销售。

王杰还将传统农业与旅游结合起来，发展休闲观光科普农业和农耕科普体验游，让游客体验种菜、采摘等农耕生产，提高农产品附加值，延伸农业产业链，让农民在“互联网 + 农业”中得到实惠。

乡村旅游的发展，离不开政府产业引导和政策支持，王杰经常和政府沟通，争取政府基础设施建设上的投入。酒香也怕巷子深，在发展乡村旅游过程中，王杰非常注重媒体的宣传，通过新华通讯社、中国新闻社、中国报业、海南日报、海口日报、海南特区报、南国都市报、海南电视台、海口电视台等主流媒体以及天涯社区、自媒体、微信朋友圈等，让更多的旅客了解三卿村。

主要成效

在各级政府的指导和帮助下，借助石山互联网农业小镇春风，三卿村已成为海口市乡村旅游的新品牌、亲子游的好乐园、中小学生科普游的好场所。特别是石板烤肉，已成为海口市甚至海南省内的餐饮品牌，许多游客要提前几天预定才能享用美食。目前，每月有 3 000—4 000 人到三卿村游玩，体验农家乐，全村通过“互联网 +”的带动，月收入达 15 万元，年收入达 180 万元。农民年均收入从 2013 年的 4 000 多元提高到 2017 年的 14 000 多元。全村已有近 30 户农民参与到互联网产业中来，解决了近 50 人的就业，已有 5 名青年从广东、海口市区等地回村创业。

经验与启示

王杰创业之路的成功，在于他懂得发现资源、整合资源。三卿村的优势资源就是乡村旅游，下好旅游这盘棋，把旅游和互联网结合起来，把农业和旅游结合起来，因地制宜，不断创新，让王杰的创业之路越走越宽。

·三亚市·

高真康

人物名片

高真康，男，共产党员，三亚市崖州区抱古村委会委员、第二支部书记，现为崖州区三亚百合惠农种养殖农民专业合作社理事长。一直以来，高真康时时刻刻以共产党员的标准严格要求自己，努力改善工作作风，以出色的工作能力、心系群众的高尚情操和无私奉献的精神，践行着入党誓言，赢得了领导、同事和广大居民群众的交口称赞，是基层群众最信任的人。

村庄基本情况

崖州区抱古村地处美丽的大隆水库自然保护区，是海南省“十三五”建档立卡贫困村，有13个村民小组，668户，3 577人，村民主要为黎族，现有“两委”干部10人，驻村第一书记1名，村小组正副组长26人，共有党员73人。2014年有贫困户130户585人，经过区委、区政府及社会各界大力帮扶，129户580人实现脱贫，抱古村贫困村摘帽出列，2017年全村农民人均纯收入达到7 800元，其中43户贫困户人均纯收入突破5 000元。

创业过程

作为村委干部的高真康，始终践行共产党人对人民群众的诺言，勤奋工作、克己奉公，勇于承担村里扶贫工作的重担，不断摸索创新工作方法，成为崖州区首位探索建立“企业 + 合作社 + 贫困户”扶贫模式的村干部，创新采取“入股 + 聘用”的形式，以认真、严谨的态度助力贫困户脱贫致富，帮助抱古村民实现“脱掉贫困村帽子”的目标。

强化责任，致力扶贫攻坚

扶贫是政府的工作重点，也是抱古村一直以来的中心工作，面对村落地理位置偏僻、难以吸引外来投资、村集体经济空壳、村民收入微薄的现状，作为村委干部的高真康，不畏困难，在区委、区政府的领导和区扶贫领导小组的具体指导下，紧紧围绕村的区域经济发展大局，深化扶贫开发和惠民行动工作，注重办实事，讲实效。工作中，正直、朴实的他积极向区委、区政府有关部门虚心请教相关扶贫政策，深入贫困户家中与每户人细心交谈，了解他们的需要，宣传扶贫政策。他坚持责任担当，不断创新工作方法，不仅更精准地帮助贫困户解决问题，而且极大地降低了扶贫单位的时间成本，提高了办事效率，得到了扶贫单位领导、同志和贫困户的高度评价，抱古村全面脱贫，摘掉了贫困户的帽子，他功不可没。

作为一名共产党员，他善于与广大群众打交道，了解群众需要，竭尽所能去帮助困难群众。“我是一名共产党员，同时也是一名由村民投票选出来的村干部，我有责任也有义务服务每一个信任我的人”，这是他时常挂在嘴边的一句话，激励他继续前行。

积极探索，敢闯敢试，当脱贫致富领头雁

提起睡莲种植，村里没有多少人了解这个产业，也不清楚能否挣到钱，大家都抱着不信任的态度。在这种困境下，高真康带着村委的期待毅然扛起重任。他在村里召集了一些贫困户商谈种植事宜，为了打消大家顾虑，让大家相信发展产业能够挣到钱，种植睡莲能致富，动员大家跟着他一起种植，高真康决定带头种植。不到一周时间，在有关部门的帮助下，高真康同志很快就成立了三亚崖城百合惠农种养殖农民专业合作社，他本人担任合作社理事长。在三亚市南繁科学技术研究院技术员的指导下，高真康与合作社几个社员积极抓好管理。功夫不负有心人，半个月后，睡莲开花了，这让高真康和村民们看到了希望。接下来睡莲的销路又成了产业发展的拦路虎。“睡莲的销路到底在哪里？”这是高真康一直思考的问题。在半个月时间内，高真康和区扶贫办负责人外出跑销路，最后终于联系上了南山景区，经过系列商谈，南山景区同意和合作社进行合作。“从刚开始时的 1 块钱一朵，涨到后来的 2 块钱一朵。”合作社的产品有了销路，高真康和社员兴奋不已。由于南山景区游客数量有限，产品销售额有限，远远达不到合作社的目标。于是，高真康同志外出考察市场，与海南莲华生态文化发展有限公司签订了两年 81 万元的收购合同。

淡泊名利，甘于奉献

“道虽通不行不至，事虽小不为不成”，这是高真康的座右铭。高真康作为一名普普通通的村干部，没有高学历，也没有过人的智慧，但他以一颗服务群众的热心、心系群众的情怀和默默奉献的精神，在平凡的岗位上实现着自己的人生价值。他以他的实际行动诠释了什么是新时期普通共产党员的高尚情怀。“作为一名共产党员就要无私奉献，不图名利，只想尽最大的努力为大家干点事，心里才会踏实。”不善言辞的高真康是这样想的，也是这样做的。

主要成效

目前，抱古村43户贫困户已有8户纳入合作社，采取“入股+聘用”的形式，每户每年保底收入达5万元左右。30亩的热带睡莲种植示范区，培养了一批懂技术的种植专业人才，睡莲达到绿色无公害标准，实现了亩产2.5万元以上的目标。这种新型产业扶贫模式让抱古村贫困户致富美梦成真。高真康表示，随着规模的不断扩大，会鼓励更多的贫困户及村民加入合作社，与大家一起发家致富，走上小康之路。

经验与启示

合作社的成功证明，产业发展前景远大，关键是要拓宽产业渠道，打造产业链。高真康稳步推进热带睡莲产业，结合美丽乡村建设，以热带睡莲种植示范区为依托，挖掘抱古村农业观光资源，打造集“赏花采莲、少数民族民俗娱乐、特色美食”于一体的生态观光园，发展热带高效农业和休闲农业，建立综合农业采摘园，让前来游玩的市民游客从中体验到浓浓的采摘休闲乐趣，丰富了三亚的全域旅游业态。

吉立斌

人物名片

吉立斌，男，1973年12月生，黎族，海南省三亚市吉阳区罗蓬村人，共产党员，中专学历，农技师。现为三亚市吉阳区惠农东山羊养殖农民专业合作社理事长。1995年毕业于海南省通什农业学校，农学专业；1999—2002年继续在华南热带农业大学进修学习。1995年毕业以来，一直在家乡从事农业生产并担任村级农技员；2007年被吉阳区农林局聘为编外农技员至今。2013年，吉立斌被农业农村部（原农业部）评为“农民满意的农技员”；2014年，被海南省委、省政府评为“海南省劳动模范”；2015年，获中华神农基金农技推广奖；2016年，被国务院农民工作领导小组评为“全国优秀农民工”；2017年，被共青团海南省委、海南省农业农村厅（原海南省农业厅）评为“海南省农村青年致富带头人”。

村庄基本情况

吉阳区下辖 19 个村，罗蓬村是一个纯黎族的革命老区村庄，也是全区唯一一个有扶贫任务的行政村，位于吉阳区北部，距区政府约 15 千米，辖区面积约 37 500 亩，划分 13 个村民小组，常住居民 548 户，总人口 2 600 多人。2017 年，全村人均年收入 9 200 元，集体经济收入以租金为主，年均收入 23 万元，主要种植槟榔、芒果、冬季瓜菜和小规模的淡水养殖。村党支部下设 12 个党小组，现有党员 66 名，其中驻村第一书记 1 名，村“两委”干部 7 名，大学生村官 1 名。

创业过程

吉立斌始终发挥一名党员的先锋表率作用，把服务“三农”作为宗旨，任劳任怨工作在农村基层第一线，拓展帮扶思路、落实帮扶政策、推行“合作社 +”模式，帮助罗蓬村 21 户贫困户摘掉“穷帽子”，在推动吉阳区精准扶贫、精准脱贫任务中发挥积极作用，做出了突出贡献。

传播农业科学技术，做“三农”政策的实践者

一是践行“三农”政策，提升农民农技水平。吉立斌从中专毕业后，意识到家乡得天独厚的资源禀赋，是发展热带特色现代农业的天然宝地，于是放弃最后一拨国家分配工作的机会，毅然决然地回归故里，积极践行“三农”政策，计划“指导农户短期内以种植反季节瓜菜脱掉贫困帽子，中期饲养商品肉猪和三禽奔小康，长期种植热带水果和热带经济作物勤劳致富”的宏伟蓝图。为了提高本地农民的农业科技实用技术，从 1996 年起，吉立斌协调沟通市扶贫办、农技中心及有关农业院校开展培训，累计在吉阳区 19 个村（居）委会举办各类培训班 316 期，培训人员 15 800 余人次，取得了良好效果。

二是推广先进经验，拓宽产业发展模式。吉立斌利用海南冬交会、种植示范园等平台，组织农民参观学习，推介适销市场的品种，推广标准化生产模式；通

过面授讲解和实地操作，深入田间地头解答农户的疑难问题，提供技术指导。为确保三亚市常年蔬菜供应，稳定物价，吉立斌积极引导农民，以市农副产品批发市场在吉阳区落户为契机，大力推动常年蔬菜基地建设，借助圣兰德公司玫瑰种植基地，推动“公司＋合作社＋农户”的种植模式，带动当地农民调整产业结构，种植花卉。经过努力，吉阳区已初步形成多个“一村一品”“一村一特”的新农村面貌。

因地制宜谋发展，做脱贫致富的带头人

一是探索新路子，发展特色产业。吉立斌意识到种植蔬菜并不能使村民们真正的脱贫致富，经过深入调查研究，他发现罗蓬村的环境很好，气候温暖，阳光充足，山草资源丰富，适合发展东山羊养殖。东山羊毛色乌黑、肉肥汤浓、腻而不膻，营养价值高，是海南四大名菜之一，很多游客到海南都以吃到一盘“不是野味胜野味”的东山羊为耀，吉立斌决定大力发展东山羊养殖，将其作为罗蓬村的特色产业。2013 年 1 月，吉立斌和罗蓬村 4 位农民合作，投资 300 万元兴办三亚惠农东山羊养殖农民专业合作社，引进最好的东山羊品种。经过不懈努力和探索，合作社现养殖 300 余只东山羊，每年可出栏至少 100 只，收入可达十几万元，羊粪也有几万元的收入，经济收入非常可观。

二是创业致富带帮扶，助推脱贫攻坚取成效。吉立斌为带动全村青年创业致富，他借助村民大会或者聚会人多的机会，宣传东山羊养殖和市场前景所带来的经济效益，鼓励村民们参与进来。在政府的支持下，合作社采取“政府 + 合作社 + 基地 + 农户”的方式，对罗蓬村 86 户建档立卡户 349 人进行产业扶贫。合作社以产业为载体，以基地为依托，解决贫困户迫切的生产、生活需要，由建档立卡户把政府分批采购给他们的 607 只种羊（577 只母羊和 30 只公羊）交给合作社托管，合作社按每只母种羊每年 500 元，并逐年递增 5%的红利给建档立卡贫困户分红（公种羊作为配种使用），扶贫效果彰显。合作社秉承先扶生产、生活之需，后有针对性地扶志与扶智的理念，拟将原有的养殖基地升级建设为精准扶贫参观考察示范基地、三亚市新型职业农民培育工程的教学实践基地以及当地农民学习饲养技术的场所。

主要成效

助贫困户甩掉“穷帽子”

吉立斌牵头组建的惠农东山羊合作社成立不到两个月的时间，就获得首次分红 4.14 万元，人均获得分红达 900 元。2016 年 11 月，合作社实现第一季度贫困户保底分红，14 户贫困户 46 人共分得 4.32 万元；2017 年度，实现 14 户贫困户获得分红 15.4 万元。目前，合作社推出的“长 + 短”产业扶贫模式让吉阳区精准扶贫的路子越走越宽，产业不断升级扩大，圈养黑山羊种羊 600 只，年出栏商品羊 280 多只、商品老鹅 2 000 多只、商品山鸡 6 000 多只，商品种植园年产槟榔鲜果 5 万多斤（1 斤 =0.5 千克）、芒果 3 万多斤，合作社基地年产值达 50 万元以上，推动扶贫工作取得成效。

扶志扶智效果显著

2018 年，在政策扶持下，村里的 45 名党员亮身份扛起扶贫责任，吉立斌就是其中一名。他通过传播专业知识，提升村民们的农技水平。在销售方面，借助政府的农产品推广平台做宣传，形成自己的品牌效应。以合作社为基地，进行技术扶贫和技术推广，不仅助贫困户掌握技术，激发他们的内生动力，更重要的是增强贫困户的自身造血功能，带动更多村民发家致富。

打造黑山羊养殖示范基地

吉立斌主推牧草栽培圈养黑山羊技术，现有牧草示范区 10 亩，牧草栽培利用养殖场 10 亩，牧草绿肥利用种植园 30 亩，有牧草锄草机、牧草揉丝机、饲料三体机等多种专业农业机械。示范基地采取“基地 + 农户 + 市场”模式，整合种植园、养殖场及技术力量，示范、指导农民牧草栽培利用圈养黑山羊；揉碎牧草拌精饲料饲养牧草鹅；揉碎牧草加腐熟泥沤制绿肥归田，提升耕地地力，保护生态环境，促进生态良性循环。这一模式为农民提供了学习技术、发展壮大种（植）养殖规模的平台，具有良好的生态效益和经济效益。

经验与启示

发挥优势，树立先锋表率榜样

吉立斌发挥专业知识优势，深入调查研究，因地制宜，找准项目，大胆尝试。多年的默默耕耘终于得到了回报，深得村民们的认可。满载荣誉之后，他没有骄傲自大，依旧谦虚好学，每日穿梭在田间地头，帮助农户解决问题。他靠自己的双手和信心，为村民开创了一条脱贫致富的道路，是村民学习的榜样。

带头致富，助推乡村产业振兴

多年来，吉立斌工作在农村基层第一线，坚持为农户解决生产上遇到的难题，身先士卒尝试立体化农业合作社的新道路，摸索优化农民种植养殖的新方式，扩大生产规模，带动更多村民发家致富。随着收入的增加，村民投入合作社的资金就越多，合作社不断扩大生产规模，形成良性循环，村民距离脱贫致富也越来越近。

做强产业，带动周边村落发展

罗蓬村不仅自己发展产业脱贫致富，还联合周边的村落一起开发旅游产业，以点带面，形成区域旅游示范，改变了罗蓬村产业结构单一、经济发展缓慢、农民人均收入偏低的状况，拓宽了农村经营渠道，改善生态环境，有效助推美丽乡村建设。

·儋州市·

郭孔敏

人物名片

郭孔敏（左二），男，1972年9月出生，1996年7月加入中国共产党，现任儋州市排浦镇沙沟村党支部书记、村委会主任，海燕种植养殖农民专业合作社社长。郭孔敏作为党支部书记，成功为村委会引进高效农业产业，带领群众脱贫致富，领导村“两委”主抓基层组织建设工作、计生工作、社会治安工作，多次获得镇级“人口与计划生育工作先进单位”“基层组织建设先进党支部”及“社会治安综合治理先进单位”等称号。

村庄基本情况

排浦镇地处儋州市西南部，西临北部湾，西北隔 5 海里与洋浦经济开发区（保税区）相望，土地面积 109 平方千米。排浦镇自然条件优越，地理坐标为北纬 19° 38′ 、东经 109° 09′ ，坐落于狭长的沙丘，地势自西向东增高，平均海拔 36 米。属热带季风气候，年平均降雨量 1 436.7 毫米，降雨集中于夏秋季。年平均气温 24.5℃，1 月份平均气温 16.8℃，7 月份平均气温 27.8℃。在这得天独厚的土地上，沙沟村委会地处排浦镇西部，位于禾丰村委会和南华村委会之间，距离镇政府 4 千米左右，西环高铁、海马公路贯穿其中，下辖沙沟村、沙脊村 2 个自然村，480 户 2 285 人。村委会面积 2.3 万亩，其中水田 2 000 亩，旱地 5 000 亩，林地 1.5 万亩，有 150 亩的沙沟坡种植基地和一座山鸡水库，当地群众收入主要来源于种植水稻、纸浆林、橡胶、花生等传统产业。村委会设有党支部、调解会、治保会、妇代会、计生协会、禁毒会、扶贫会等管理机构，有 7 名村“两委”干部，共有党员 41 人，预备党员 2 人。辖区内设有完全小学 1 所，教师 15 名，6 个班级，共计 170 名在校学生。该村委会有贫困户 39 户，共 147 人，已脱贫 22 户 94 人。发放教育扶贫金 129 350 元，受益 27 户，惠及学生达 44 人；共代缴农村合作医疗 40 520 元，惠及 52 户 204 人；对 16 户危房进行改造，拨付 72.5 万元危改资金；产业扶贫主要有养猪、养牛、养鸭和加入儋州市海燕种植养殖农民专业合作社，种植海头地瓜、黑美人西瓜、葡萄。

创业过程

2016 年 7 月，正值沙沟村级换届选举，郭孔敏挑起了沙沟村党支部书记、村委会主任这副重担。当时沙沟村干群众关系激化，村民内部矛盾重重，生产生活条件比较落后，村庄处于比较贫穷状态，郭孔敏看在眼里急在心里。他时刻铭记着上任时说的话："谁来带头让村民富起来，谁来改变家乡面貌？我作为党支部书记、村委会主任，我有责任有义务带头来改变，我要把满腔热血洒在家乡这片热土上。"

抓班子，带队伍，凝聚力量谋发展

郭孔敏 24 岁就参加村委会工作，土生土长，熟悉村情，加上工作虚心进取，积累了丰富的治村经验，深知村党支部有没有战斗力，村干部在群众心目中有没有威信，与村"两委"班子是否团结有着直接的关系。因此，上任后他把团结作为凝聚力量的前提，坚信团结出战斗力，坚持抓班子，带队伍，从我做起，以身作则，公事公办，处事公平，村里实村务、财务、党务三公开制度，采取重大事项一事一议，充分体现村民自治和村民参与，增加了工作透明度，消除了隔阂和疑虑，赢得了群众的信任和支持。他多次组织村"两委"干部深入调研，结合当地依山傍海的资源优势，走出一条发展高效农业产业为主、海滩涂养殖为辅的发展路子。至 2017 年，全村种植西瓜 1 300 多亩，养殖虾蟹 800 多亩，全年经济收入达 1 300 万元。

抓基础，牢设施，改善经济发展模式

长期以来，由于没有生产通道，加上山鸡水库下游农业基础设施滞后，造成 1 万多亩农田和坡地得不到充分利用，大部分坡地撂荒，农业生产效益低。郭孔敏了解到土地撂荒原因后，横下一条心，不顾家人的劝阻，拿出多年积蓄的 3 万余元作为开通山鸡水库生产道路的启动资金，由村"两委"干部和党员带头，发动村民投工投劳，先后开通了两条 10 千米的生产土路。沙沟村，村如其名，沙土较多，车辆驰过，尘土飞扬，雨后路更泥泞不堪，人车寸步难行，为了解决村里的生产难、运输难，村党支部书记郭孔敏带领村民准备修建一条 7 千米的土路。这原本是解决村里生产发展的大好事，可有个别村民认为修路只不过是给村里的碎石场开路，所以他们一直阻挠施工。为修好这条路，郭孔敏几乎天天到工地现场蹲守，遇上思想不通的村民，便不厌其烦地说利害，讲情理。最终才将这条7千米的土路硬化，使村庄后面1万多亩农田和坡田得到盘活。至2017年，村民利用村庄后面的撂荒地种植橡胶400多亩，增加了村民的经济收入。2018年上半年，郭孔敏争取到市农委投资，硬化了山鸡水库6千米生产道路；争取到市农委投入200多万元修复和完善山鸡水库下游基本农田水利设施建设，为沙沟村民调整农业产业结构、发展高效农业奠定基础。

搞示范，闯市场，大力发展高效农业

郭孔敏就任沙沟村党支部书记、村委会主任以来，一边做好村干部工作，一变潜心研究当地的土壤、气候资源，大胆尝试发展高效农业，多次自筹资金试种西瓜、哈密瓜、葡萄和樱桃等，从十亩到几十亩，一步一个脚印，探索出一条发展热带特色高效农业、壮大集体经济的新路子。郭孔敏勇于探索，一手抓种植，一手抓市场，他多次前往广东、上海、北京、湖南等地寻找农产品销路，挖掘市场潜力。春去秋来，锲而不舍，郭孔敏为本地区创造出一条长期畅销无阻、年创汇万元的绿色通道。如今，他已建起华头坡300亩瓜菜基地和文青坡800亩瓜菜基地，成立了儋州海燕种植养殖农民专业合作社，成为当地创业致富能手。

富思源，勤创业，帮扶路上好把手

“一人富不算富，大家富才是富。”这是郭孔敏的座右铭。他把村民的冷暖放在心头，特别是对扶贫工作，经常向镇党委、镇政府和驻村工作队汇报扶贫工作及想法，把“扶贫先扶志”“治贫先治赖”的实际工作放到村委会和合作社的首位，想贫困户所想，急贫困户所急。2016年，他接纳了35户贫困户加入海燕种植养殖农民专业合作社，向贫困户承诺保股金利润分红，精心经营贫困户股金投入的200亩番薯产业。由于气候

因素，合作社 200 亩番薯虽有产量，但番薯长虫多效益低，造成合作社亏损 20 多万元。面对亏损，郭孔敏勇于担当，多次与贫困户促膝相谈，把自己种植的 150 亩西瓜纳入合作社，给贫困户一个定心丸，让贫困户对合作社有信心，继续带领贫困户参与经营管理西瓜种植。2017 年春季，150 亩西瓜取得大丰收，盈利 30 多万元，保证了 35 户贫困户获得利润分红。

树新风，创一流，大力打造新农村

郭孔敏在发展产业的同时，不忘村内的精神文明建设，以美丽乡村建设为抓手，制定“村规民约”，改变村民陈规陋习，规范村民行为。成立了村庄“老人理事会”，教育村青年树新风，扬正气，远离毒品，维护一方社会安定。抓好村庄规划，引导村民按村庄规划建设。2017 年以来引导村民自觉拆除占道建筑 8 处，使村庄巷道井然有序，畅通无阻。2017 年下半年，郭孔敏争取到市农委投入 200 多万元建成村防洪堤，争取到市委组织部投入 250 多万元建设村委会办公大楼。2018 年上半年，引进公司建设共享农庄，占地面积 500 亩，沙沟村美丽新农村建设蒸蒸日上。

主要成效

在郭孔敏的带领下，沙沟村的“两委”干部凝心聚力，成为一支为民办实事，威信度高，群众拥护的班子队伍。全村经济发展基础设施不断改善，以农业产业结构调整和特色产业发展，促农增收，带动沙沟村美丽乡村建设。

经验与启示

乡村振兴为村党支部书记提供了干事创业的大舞台，村党支部书记是乡村振兴的实践者和领头雁。如果我们的村党支部书记们都像郭孔敏一样，有决心，有信心，有奉献精神，肯实践，肯做，肯努力，在助力乡村振兴发展中一定会交上满意的答卷。

邵向辉

人物名片

邵向辉，男，汉族，共产党员，大专学历，2013年以来任儋州市那大镇侨南村党支部书记。作为新时期的村支书，邵向辉想得最多的是怎样转变思想作风，改进工作方法，创新工作思路，踏踏实实地为侨南百姓做好事办实事，携手百姓，建设美丽富足新侨南。

村庄基本情况

侨南村委会地处那大镇西北角，距那大镇城区 7 千米，总面积 9 980 亩，下辖新南、洗脚水、侨光、深田、水口、丰收、叶屋、杨屋、药园 9 个村小组，总户数 386 户，总人口 2 173 人。其中归侨、侨眷占总人口的 64%。侨南村党支部隶属那大镇党委，共有 8 个党小组，68 名党员，“两委”干部 8 人。

创业过程

“腿要勤，村里大大小小的地方都要转到；眼要勤，村里什么事儿都要看在眼里，记在心里；嘴要勤，遇到啥事儿都要常说常讲常督促。”这是那大镇侨南村党支部书记邵向辉经常挂在嘴边的一句话。

调整农业产业结构、完善党务村政建设、加强“两委”班子建设、为民办实事、坚持学习制度……满满的一张计划表记录着邵向辉的工作和使命。他说，每每想起百姓们手上投下的那神圣一票，还有如今他们满含期盼的一声“书记”，浑身就充满了干劲。

回乡创业，依靠科技走致富路

大学生回乡创业，带领群众走向共同富裕道路，说起来容易做起来十分不易。邵向辉，这名从大学毕业后在广东工作了 8 年的年轻人，为了使家乡的父老乡亲脱贫致富，放弃了城市的繁华，用自己的双手，以对故土的热爱、对父老乡亲的深厚感情，克服种种艰辛，将火热的青春贡献给家乡的明天。

2005 年，邵向辉回乡创业。他通过考察，选定了一家大型养殖公司，这家公司以“公司 + 农户”的模式，事先提供猪苗、饲料、药物、技术指导，承诺负责销售，统一结算。大多数村民对这个项目都抱有怀疑态度。但邵向辉认为这种方式不但节省了买猪苗、购饲料等的成本投入，公司还提供技术指导和统一销售，也降低了养殖风险和市场风险。于是他在村中建起了猪舍，引进了上百只小猪，当起了“猪倌”。

经过精心护理，辛苦劳动，4个月后邵向辉的第一批肉猪上市，扣除所有成本，他净赚了近万元。这在村中引起不小的震动。2006年3月，省主要领导到猪舍参观，肯定了他的选择，当时领导说了一句至今让他振奋的话：“你是回乡大学生，要用自己的知识服务群众，有路子赚钱了，也要带领乡亲们共同致富，这才是返乡的真正目的。”这句语重心长的话让他心里忽然有了一种责任感，有了一股向上的动力。

由于大胆尝试，邵向辉找到了一条可增收之路。村里的年轻人不再观望，纷纷加入养殖队伍。2006年，他除了养猪又尝试养鸡。肉鸡年出栏16 000多只，也获得了不错的经济收益。经过几年的摸索，邵向辉积累了一定的养殖经验和技术，2009年，邵向辉又建了两幢猪舍，年出栏生猪量达到700多头。

2006年，邵向辉得到了侨南村党支部的认可，成为一名光荣的共产党员。他有了奋斗的目标，有了崇高的信仰，更有信心和力量服务村民。

2010年，邵向辉当选为侨南村党支部委员，主要负责党务和共青团工作，接触了大量党的方针与政策，关注着党对“三农”工作的进一步深化落实，他视野更开阔了，阅历更丰富了，工作找到了方向，工作热情和干劲更足了。为了发展壮大养殖业，他在儋州市畜牧兽医局、镇团委的关心支持下，组织了30多位青年养殖户参加海南省农校畜牧专业中专班，学习先进、科学的养殖技术，使侨南村的养殖业走上科学化、系统化、专业化的道路（其中已有13人取得中专学历）；还通过自己是《今日儋州》通讯员的有利平台，在《今日儋州》报发表文章，大力宣传侨南村好人好事及新形势下农民崭新的精神风貌，起到

了宣传侨南，带动侨南经济，促进侨南发展的作用。邵向辉注意发挥党员先锋带头作用，带头学科学，学技术，积极推广普及科技，开展科普宣传活动；利用市里开展科技、文化、卫生“三下乡”有利时机，组织村民群众学习生产、生活科学常识和养殖技术；积极配合市、镇组织实施科教进农村任务，大力弘扬科学精神，传播科学思想，普及科学知识，倡导科学方法。

自 2011 年 4 月至今，邵向辉同志为 110 名养殖户解决了生产、销售、资金、信息、技术等许多难题。

在养殖户中开展养猪技术“传帮带”活动，不断提高养殖户的养殖技术。在养猪管理及防疫工作中，经常邀请儋州市畜牧兽医局有关专家进行指导，从而降低了养殖风险。

在养殖生产资金方面，积极帮助养殖户在农村信用社办理贷款业务，为 8 户养殖户申请贷款 16 万元。

主动联系饲料厂家，在儋州市畜牧兽医局有关领导的热心帮助下，成功地得到港翔饲料厂家提供的低价饲料，从而解决了养殖户的养殖成本问题。

现在，侨南村养殖业蓬勃发展，正一步步朝着做大做强的方向迈进。

加快产业调整，整合侨力共建美丽侨乡

橡胶产业是侨南村农民增收的支柱产业，但在近年单一的产业发展过程中，一些矛盾和问题逐渐凸现。为了确保农民在产业调整中持续稳定增收，邵向辉同志带领村“两委”班子深入农户家中，了解群众的真实想法，化解产业发展中的各种矛盾和问题，积极发展林下经济。在儋州市政府和那大镇政府的指导下，侨南村引进莫世青万头猪场和年产 10 万只阉鸡的圆丰实业有限公司两个颇具规模的产业，带动侨南村养殖业的发展。

主要成效

一分耕耘，一分收获，邵向辉一心为民办实事、致力为民富的朴实理念，成效渐显。2017 年，侨南村有养殖肉鸡、肉猪农户 110 户，肉鸡年出栏 110 万只，肉猪年出栏 7 万多头。

依托侨乡资源和地理位置优势，创建侨南村东南亚侨乡品牌。目前正建入村门楼。结合丰收、叶屋、杨屋村小组区域优势资源，调整产业，与内蒙古一家大企业合作，共同成立海南侨南玖苑共享农庄有限公司，打造农业开发、民宿服务、旅游观光、餐饮服务的美丽侨乡。做到一村一产业，一村一文化，一村一特色，一村一品牌，促进乡村旅游，解决群众就业，鼓励村民创业，拓宽致富路子，让集体经济收入由零到有，不断发展壮大。村民的腰包日渐鼓起，幸福的笑容在他们脸上鲜花般地绽放。

经验与启示

邵向辉心系百姓，带头自主创业、引领群众致富，激活了基层党组织的内在动力，这足以说明，干事创业取得成功，要充分发挥村支书在推动乡村经济发展、服务群众、凝聚人心、促进和谐等各项工作中的重要作用。

·文昌市·

周华龙

人物名片

周华龙，男，1992 年出生，海南省文昌市东路镇永丰村人，海南大学应用化学系毕业。2015 年，他在淘宝上开启电商创业，销售家乡热带水果，如今一年能销售 300 多万斤的水果，年营业额达到 2 000 多万元，给文昌东路镇永丰村的家乡父老打开了一条农产品特产销售的新路子。

村庄基本情况

永丰村位于文昌市西北部，东临文昌市潭牛镇，西接海口市三门坡镇，南依东路水库，北傍东路农场，属东路水浸区。由原9个革命老区自然村庄迁移安置为现在的2个村民聚居村，2个村民小组，总人口890人，农户198户，村“两委”班子6人，党员55人，预备党员1人。

创业过程

借“大众创业、万众创新”的东风，瞄准家乡热带水果

作为从农村出来的孩子，周华龙一直希望能够转变村民的经营观念，走电商创业的道路，和村民一起走上致富路。正是有了这份信念，2015年，周华龙从海南大学应用化学系毕业后，并没有选择留在大城市找一份稳定的工作，而是趁着“大众创业、万众创新”的东风，怀着回家乡奋斗的理想，开始了电商创业。

从小生长在东路镇永丰村的他，深知家乡土地肥沃，物产丰富，盛产荔枝、菠萝蜜、火龙果、黄皮、蜜枣等热带水果。童年的印象中，家乡一年四季都是瓜果飘香，热带水果数不胜数，备受青睐，这是大自然赐予的一份“大礼”。但是长期以来由于地理环境的制约，村民们都是依靠传统的外地收购商进村入户收购，经过层层分销，水果销售并没有给村民们带来太大的经济效益。思前想后，周华龙将电商发展的方向瞄准了家乡的热带水果。

“90后”青年初尝创业甜头

2015年，周华龙申请注册了自己的淘宝店，开始了电商创业。卖水果就是要拼新鲜、拼质量。他深入村民家中考察水果基地，确保拿到第一手货源。然后再经过精心选择，将本土的荔枝、菠萝蜜、火龙果、黄皮、蜜枣、菠萝等十多种热带水果的图片上传到淘宝店铺。同时他通过网络播放村民种植、采摘水果全程，

让顾客不仅尝到原汁原味的水果，还能感受采摘的乐趣。渐渐地越来越多的水果开始受到网民们的青睐，周华龙的信心也越来越足。

电商时代抱团共同发展才是突破口

电商创业之路并非一帆风顺。2015 年末，在“双十一”活动中，周华龙的淘宝店当天销售量就突破了 2 万个订单。还没来得及庆祝大丰收的周华龙，万万没想到遭遇了物流爆仓。大量的货物积压在物流公司，没有办法出岛。而装载的菠萝蜜开始出现大面积的损坏，最终只能拉到水果市场低价处理，这一次周华龙损失惨重。

创业并非易事，初尝苦头的周华龙此时并没有放弃，反而有了更加强烈的斗志。有了前车之鉴，周华龙开始思考热带水果如何突破物流运输的发展瓶颈。机缘巧合，周华龙结识了 3 位同样从事水果电商的海南本地创业大学生。他们 4 个人一起出资购买了一辆大卡车，负责每天将采摘的新鲜水果运输到广西南宁，并在广西南宁设置了分仓，再由分仓将水果第一时间发往全国各地，这样一来，解决了物流运输的大难题。

2017 年 5 月，东路镇永丰荔枝大量上市。周华龙通过统一标准、统一质量、统一包装的标准化模式，利用电子商务平台销售，仅一个多月的时间，就销售了 20 万斤荔枝。同时他还为村民们寻找更多的利润空间，聘请上百名村民收果、打包、速冻、装运……与村民们共享这份荔枝大餐。

“互联网 +”带领村民走出农业发展新路子

周华龙不仅善于运用电商平台，还善于发现商机。在一次考察水果基地时，他意外发现乐东一个沿海村庄遍布野生仙人掌果。但是由于没有销路，野生仙人掌果大多成熟溃烂在沙滩上。周华龙了解到野生仙人掌果富含花青素，具有非常高的营养价值和药用价值，是养身健体的绿色保健食品。周华龙于是通过电商平台进行销售，受到广大顾客的青睐。野生仙人掌果价格一路高涨，一时掀起了当地村民争相采摘野生仙人掌果的热潮。周华龙带领村民致富的事迹也成了当地的一段佳话。

2017 年，网络直播兴起后，周华龙又紧跟潮流，直播村民种植、采摘水果全程，还和网友互动畅聊“水果的一生”。周华龙说：“作为一名从农村出来的孩子，我希望能够转变村民的经营观念，走电商创业的道路，和村民们一起走上致富路。”

周华龙的电商打开了水果的销路，带动了村民种植的热情，也扩大了永丰村水果种植的规模，带动了地区经济的发展。永丰村村干部符洪涛说：“周华龙通过电商创业，带领村民一起走上了致富路。现在村里几乎没有瓦房，大多住上了平顶房、楼房，年轻人有思想，农户都是跟着他的脚步走，什么水果销路好，我们就种什么。”

“我一年要帮村里卖掉300多万斤水果，一年的营业额达到2 000多万元。”谈起网上销售水果的生意经，周华龙显得非常自信。“农业的前景太广了，就看我们能不能创新思路，找到正确的渠道。”周华龙说，未来他计划和更多的农户合作，制定具有地方特色的“网货标准”，打造更多的“网红”农产品。

周华龙的父亲是一名普通的农民，在亲眼看见儿子一步步成长时，深感欣慰：“大学时他就开始创业了，从最初的军训服装到班服采购，他一步一个脚印，不仅完成学业，还自主创业将助学贷款还清，带领村里人致富，年轻人有自己的想法，敢闯敢干，我非常支持他！”

主要成效

电商行业竞争十分激烈，创业的2年时间里，周华龙和他的团队们遇到了很多问题，市场无法统一化、物流成本高等，但他不忘记带动乡亲致富的初心，凭着“90后”典型的敢拼、敢闯的特质和沉着踏实肯干的精神，打造了“网红”农产品，他说：“心有多大舞台就有多大。我们要创建自己的品牌，让家乡水果家喻户晓，走向全国。”

经验与启示

农村电子商务已成为县域经济发展的新动力。农村电商的渗入，使农业规模化，更具效益，这对克服和解决农业生产规模小、分散经营具有重要意义。农村电商的快速发展，也极大改变了农村商业模式，农村电子商务正在由交易环节向生产和消费两端延伸，向冷藏、运输、包装等环节延伸，随着网货下乡和农产品进城双向通道的建立，电子商务将进一步带动乡村旅游、农村医疗和金融服务等市场，更好地改善农民生活，而这也将给像周华龙一样的“农村电商人”更加广阔的天地。

·万宁市·

刘名忠

人物名片

刘名忠，男，汉族，1983 年生，海南省万宁市东澳镇四维村人，大学毕业。曾被评为“2017 年海南省农村青年致富能人”。他创建的海南万宁天海蓝牧业专业合作社，2016 年获得无公害农产品证书和质量管理体系认证证书，成为中国热带农业科学院热带作物品种资源研究所成果示范基地；2017 年挂牌成立万宁共青团就业创业见习基地；2017 年被评为省级畜禽养殖标准化示范场，万宁市“市级示范合作社”。

村庄基本情况

四维村委会位于东澳镇东部，辖区面积 2 600 亩，耕地面积 1 600 亩，辖 3 个自然村，共 495 户，总人口 2 480 人，村民经济来源以种植瓜菜及外出务工为主。

创业过程

自 2006 年大学毕业后，从最初返乡搞装修到现在建立养殖基地饲养东山羊，刘名忠凭着一股子闯劲，通过生态养殖东山羊，带领家乡走出了一条致富之路。

太阳刚刚露出小半个脸的时候，万宁市东澳镇四维村尚在梦中，而在村尾的一个养殖场内，4 座养殖羊舍里的 400 多只细毛羊“咩咩”地叫着，开始吃“早饭”了。

刘名忠是这个养殖场的负责人，天不亮他便起来给羊喂食了。等 4 座羊舍里的羊都喂完，刘名忠已经累得满头大汗。虽然是农家子弟，刘名忠以前几乎没干过重体力活，但养羊几年下来，刘名忠觉得自己才像一个地地道道的农村人。

四维村距离万宁城区 10 千米，刘名忠老家就在镇上附近。他 2006 年毕业，在城市的数年打拼中，一直难以忘怀父老乡亲在农业生产中的艰苦困难。2012 年回到家乡后，积极拓展思路尝试各种可以帮助自己和带领周边农民一起增产增收脱贫致富的种植养殖项目。2013 年，闲谈中刘名忠得知，海南省已将万宁市列为全省养羊大市之一，将给予重点扶持。大家都认为羊肉价格居高不下，万宁市规模养殖户比较少，养羊肯定有好的前景。和刘名忠一样，还有一个也是在大学毕业后一直未能稳定就业、怀揣着创业梦想的年轻人。两个人一合计，人多力量大，干脆把两家的资金合到一起养羊。于是，经多地考察学习后，两人开始筹划办一个标准化的养殖场。

两名大学生准备建标准化养殖场的事传到了镇上，一时间人们议论纷纷。刘名忠说：“说什么话的都有，不少人认为我们毕业后没有个稳定的工作本身就糟蹋了上大学的钱，现在还要重回农村养羊，是继续糟蹋钱，可是东澳镇的领导听说后却鼓励我们，在经济上给了我们很多支持，特别是 2017 年在基础设施建设上投入 7 万元，政策上也给予相应支持。”

2015 年，刘名忠成立海南万宁天海蓝牧业专业合作社，吸引村里困难户到合作社就业，个人投资 150 多万元，租用村集体土地建起养殖基地，采用半圈半放的养殖方式，将养殖基地打造成一个生态环保养殖基地，由此走上了农民合作致富路。合作社还利用自己的技术优势为东山羊产业扶贫提供优质种羊及标准化的饲养管理，并利用合作社构建的电商产业链带动农户羊只的销售。

“在这个基地里可以种植料草，养殖东山羊，还可以回收利用羊粪作为经济作物肥料，是一个响应政府走环保养殖道路的新方法。”在养殖基地工作的困难村民吴玉东说。

刘名忠表示，他希望能和其他专业合作社、散养户们联合起来，在万宁成立一个更大的东山羊养殖经济专业社，这样大家可以利用同一个平台共享养殖技术、共享销路，走上共同致富的道路。

主要成效

2017 年合作社采取“合作社 + 贫困户”的产业化经营模式，帮带东澳镇四维村委会贫困户 22 户 92 人，帮带年限 5 年，确保了贫困户每年 11 月 10 日前分成利润 600 元 / 人 / 年，返还资本金 800 元 / 人 / 年；安排每户贫

困户在基地工作 2 个月，学习东山羊养殖技术，发放工资 2 400 元 / 人 / 月。2018 年帮带贫困户 21 户共 82 人。

经验与启示

创业，说起来容易，做起来难，要实现从无到有，从旧到新，需要的不光是勇气、坚持和信心，还要有良好的创业环境。刘名忠在建标准化养殖场时，东澳镇在基础设施建设上投入 7 万元资金，并在政策上给予相应的支持，破解了基地发展资金短缺的瓶颈。创业，除了心中有梦，还离不开政府支持。

缺乏创业技能、融资渠道单一、社会资源贫乏、管理经验不足，对于创业人而言，每一项都是一块难啃的“硬骨头”。而融资困难是创业最大的阻力，相关部门应根据当地的财政状况拨出一定的资金，建立创业基金性质的机构，通过一定的选拔机制对大学生创业者提供资金支持。借鉴国外经验，鼓励社会资金对大学生创业的支持，提供赞助经费。此外，劳动、财政、金融部门应调整小额担保政策，从财政贴息范围、贷款额度以及小额担保贷款运行等方面，降低政策门槛，让更多的创业大学生获得贷款资助。

罗忠裕

人物名片

罗忠裕，1984年出生，初中文化。海南省万宁市礼纪镇莲花村人。优秀农村创业青年，利用丰富的大棚种植经验和技术资源优势，创建瓜果蔬菜大棚种植基地，在自己创业致富的同时积极助力脱贫攻坚事业。

村庄基本情况

礼纪镇莲花村委会，坐落于海南省万宁市东线高速出口和东线动车神州站交界处，位于神州半岛风景区内，在素有“东方夏威夷”之称的石梅湾和度假天堂兴隆小镇的中心，西边和竹林村委会接壤，地形属丘陵地带。莲花村委会有 14 个村民小组，24 个自然村，其中革命老苏区村庄 5 个，省级文明生态村 1 个（老蔡村）；常住人口 4 000 多人，辖区土地面积 33 574 亩，人均年收入为 8 372 元，主要经济来源为种植椰子、橡胶、胡椒、槟榔及反季节瓜菜等。

创业过程

近年来，莲花村大力探索发展经济与脱贫攻坚相结合的有力举措，以此带动贫困户增收致富，摆脱贫困。这其中涌现出一名优秀的农村创业青年，在自己创业致富的同时还积极助力脱贫攻坚事业，带动贫困户一起创收，这个人就是罗忠裕。罗忠裕多年来从事大棚瓜菜种植，积累了丰富的大棚种植经验，他充分利用自身的技术优势，拿出积蓄在莲花村岭尼坡上创立了瓜果蔬菜大棚种植基地。

创业之初的道路并非一马平川，罗忠裕也遭遇过许多磕绊和挫折。刚涉猎瓜菜种植时，由于缺乏相应的生产技术，也没有种植瓜菜的经验，导致果菜产量较低，质量不高，销路不好，经济效益较差，甚至做成了赔本买卖。但是罗忠裕没有因眼前的失败而气馁，而是积极主动学习瓜菜种植技术，经常和其他经验丰富、生产效益好的种植大户交流瓜菜种植和大棚种植的经验，不断积累知识和本领。终于，凭借多年积累的资源，他建起了反季节瓜菜种植大棚，引进最新最优的种养技术和设备，为种植反季节瓜菜做好了充足的准备。建起大棚后，罗忠裕的反季节瓜菜种植成效显著，瓜菜质量有了很大提高，在当地甚至邻近地区都有了较好的口碑和声誉。知名度打响后，瓜菜销路也广了，许多个体菜农、经销商甚至是一些企业都纷纷和他的大棚订购新鲜瓜菜，经济效益有了明显提升。

主要成效

通过大棚瓜菜种植增收致富后，罗忠裕不忘社会责任，投身到脱贫攻坚事业中，积极引导贫困户到自己的瓜菜大棚务工，为贫困户提供就业岗位，增加他们的经济收入，改善生活条件。特别是他以身患残疾但仍有一定劳动力的贫困户为重点扶持对象，热心介绍他们来自己的大棚里工作，鼓励他们自力更生，自强不息。在他的引导下，瓜菜大棚里有 2 名残疾贫困户从事瓜菜的培育、大棚的看护、设备的管护等工作，努力实现自己的人生价值。

罗忠裕的大棚事业发展得越来越好了，瓜菜种植都已上了轨道。他又以大棚基地为试点，培育出质量好的瓜菜幼苗，提供给周边村庄和农户，以点带面扩大优质反季节瓜菜的种植面积，提高瓜菜产量。这一举动辐射到了周边许多村庄，为许多农户带来了实惠和效益，农户们纷纷称赞他大棚里的瓜菜质量好，口味佳，都愿意跟他订购瓜菜及幼苗，自行发展生产，促进了莲花村的经济发展，成为广大青年学习的典范。

经验与启示

党的十九大明确提出在本世纪中叶建成富强、民主、文明、和谐、美丽的社会主义现代化强国。农业现代化，需要职业化的新型农民。2018 年中央一号文件明确，实施乡村振兴战略，必须破解人才制约瓶颈。海南美丽乡村建设，需要像罗忠裕这样懂技术、会经营、善管理的新型劳动力，通过科学的技术和方法来提高农副产品的品质和效益，适应农业产业化、标准化、规模化生产。

翁贤明

人物名片

翁贤明，海南省万宁市后安镇坡仔村人。一个返乡退伍兵，怀揣一抹浓浓的乡愁，凭着自己的智慧和打拼精神，坚持养羊16年，被称为“万宁第一羊倌”，成就自己一番事业的同时也带富了村民。

村庄基本情况

坡仔村委会位于后安镇南部沿海一带，全村总人口 1 347 人，现有党员 52 人，辖 3 个自然村 9 个村民小组。总面积 1 320 亩，农耕面积 678.5 亩，其中水田 495.71 亩。人多地少，全村以种植水稻及各种瓜菜为主产业。

创业过程

1999 年，翁贤明从海南武警总队退伍，那时年仅 20 岁的他从来没有想过自己今后的命运会和东山羊紧紧联系在一起。翁贤明的老家在万宁市后安镇坡仔村，当时刚回老家的他本来是想发展种植业的，也在自家的地里种植了 10 亩苦瓜，但在种植苦瓜的过程中，一个偶然的机会，他突然萌发了养东山羊的想法。

“虽然万宁东山羊的名气很大，但当时真正养纯种东山羊的养殖户并不多，产量也很小，市场供不应求。很多餐馆虽然打着‘万宁东山羊’的幌子，但其实卖的都是大规模圈养的外地羊。”翁贤明说，正是看中这个商机，所以他毅然决定放弃种苦瓜转而去养东山羊。

2000 年 11 月，翁贤明用辛辛苦苦种植苦瓜攒下的钱，从万宁市礼纪镇农户散养的东山羊羊群中，精挑细选了 20 多只羊，作为繁育后代的种羊。因为从来没有养过东山羊，不懂得相关的养羊技术，结果买回的 20 多只种羊，当年病死近 20 只，最终只剩下了 6 只奄奄一息的种羊。

为了养羊，翁贤明不仅花光了所有积蓄，还浪费了一年的时间。看着仅存的6只种羊，他备受打击，心灰意冷。为了改变当时的生活窘境，翁贤明将6只羊交给父母喂养，独自一人跑到三亚摆摊卖起了清补凉。

在三亚卖清补凉不到一年，还是不愿放弃养羊梦想的翁贤明再次返回老家重操旧业。从2000年开始，虽然反反复复经历着失败的挫折，但翁贤明对养羊的热爱始终如一，他养羊也几近到了痴迷的地步。

几年后，翁贤明的养羊才开始有了些起色，从当初的几只羊，发展到了180多只母羊。一只母羊一年产仔1—2只，然后经过品种淘汰，留下品质好的羊继续做种羊。

在养羊的过程中，翁贤明最担心的是羊生病，他最初的20多只种羊，就是因为莫名其妙发病，一下子就死去了10多只，而且在后来也经常发生羊死亡的情况。

痛定思痛的翁贤明认为，要想将羊养好，必须先要掌握羊的疫情防治技术。为此，翁贤明不断向万宁有经验的养羊人和技术人员请教，并在网上查阅相关知识。这时，甘肃省动物疫病预防控制中心高级兽医师何虎成引起了他的注意。翁贤明从网上找到了何虎成的联系方式，从海南前往甘肃“拜师学艺”。

2012年7月，翁贤明只身前往甘肃。虽然当时何虎成正在辽宁参加一个活动，但得知他的来意后，何虎成提前结束了行程赶了回来。在手把手教翁贤明初步掌握了一些养羊关键技术后，何虎成还将他介绍到甘南一家养殖场进一步学习。

在甘肃的半年时间里，翁贤明从何虎成那里学到了给羊打点滴和给小母羊做结扎手术等关键技术，成为海南首位掌握给羊打点滴的养羊农户。

自从掌握给羊打点滴等关键技术后，翁贤明养的东山羊死亡率大大降低，死亡率控制在5%以下。为了发展壮大万宁的东山羊养殖产业，翁贤明开始将精力放在发展种羊繁育方面。经过不懈努力，目前翁贤明的种羊规模已经达到1 200多只。

养羊获得成功后，翁贤明第一件想做的事就是带领更多村民养殖东山羊增收致富。

2014年6月，翁贤明成立了万宁兴民东山羊养殖专业合作社。2016年，在万宁市扶贫办和北大镇委、镇政府的指导下，合作社参与精准扶贫工作，以“合

作社 + 贫困户”发展模式，2016—2018 年共纳入贫困户 256 户 1 087 人，通过在合作社打工及年底分红等方式带领贫困户走向脱贫致富的道路。

在北大镇“合作社 + 贫困户”模式下运作的养殖场中，翁贤明的合作社纳入的贫困户人数是最多的，占北大镇 2018 年减贫人数的 31%。目前有东山羊 874 只，其中养殖基地 350 只，贫困户 524 只。

合作社还与农户签订协议，合作满一年后，合作社每年拟定 5 户贫困户为东山羊养殖专业户，以“合作社 + 贫困户”模式进行合作，每户发放 30 只母羊和 1 只种公羊，鼓励农户自己当老板，自主创业。

政府在帮扶上也是不遗余力。2016 年，万宁市农业局支持 40 万元，北大镇政府支持 5 万元，用于帮助合作社增加配备基础设施、羊舍建设等。同时，镇政府派专人负责配合帮助翁贤明租用放牧园地。

“近年来，东山羊的市场行情非常好，目前我们的合作社年纯收益已达到 50 万元以上。”但翁贤明的“野心”远不止于此。“我的梦想是将东山羊产业做成万宁的一个品牌，创造更好的经济效益，让更多的贫困户从中受益。”虽然，这一梦想看起来还有点远，但他相信，在政府部门和广大农户的支持下，终有实现的一天。

主要成效

经过多年的发展，翁贤明养殖的东山羊已逐渐形成了自己的品牌，深受市场欢迎。此外，合作社的发展也让越来越多的人收益，形成良性发展。

经验与启示

翁贤明究竟经历了怎样的孤苦和艰险，我们无法感同身受。但他始终以苦为乐，一根筋地去做、去坚持，才让他的每一个脚步走得坚定而踏实，走出了一条越来越宽广的创业路。

·东方市·

吉昌超

人物名片

吉昌超，海南省东方市三家镇乐安村人，村委委员兼团支书。2016年7月大学毕业，他回到村里后，精心谋划，创办了东方市首家镇级区域公共农业品牌“助村公社”。

村庄基本情况

乐安村位于东方市三家镇东北方向，背靠昌化江，距离三家镇中心约 15 千米，是个革命老区村庄。全村有 14 个村民小组，724 户 3 050 人，村“两委”干部 14 人，党员 68 名，土地面积约 2.3 万亩，耕地面积 3 179 亩，其中水田面积 1 814 亩，旱地面积 443 亩，坡地面积 902 亩。近年来，该村党支部充分发挥党建引领作用，利用山地资源优势，带领群众开垦荒地，积极调整农业产业结构，种植玉米、南瓜 5 000 亩，橡胶及绿化造林 4 000 亩，冬季瓜菜、圣女果、辣椒等 4 825 亩，引进企业种植香蕉等作物 3 200 亩，引进科学技术营建果蔬冷藏库，解决部分村民的就业问题。全村居民人均年收入达 8 500 多元，村民生活条件逐步改善。

创业过程

2015 年 3 月，吉昌超利用暑假休息时间到中国热带农业科学研究院学习了互联网相关知识，探索创建了东方市首家村级门户网站——乐安村站，主要宣传和推广当地的人文趣事和农产品。互联网快速传播和销售便捷的特点，让吉昌超第一次觉得互联网在农业上将会有很大的发展潜力。2015 年年底，东方市甜玉米出现滞销，农户辛辛苦苦种植的玉米大面积卖不出去，最后只能以 2 毛钱一斤的价格抛售。玉米销售难事件深深触动了还在上大学的吉昌超，他通过微信朋友圈、微博等发布了玉米滞销的消息，找来广西的老板收购了 20 吨玉米，虽然面对庞大的玉米滞销量显得杯水车薪，但这件事情让他萌生了“大学毕业后一定要回到家乡创业，改变这种落后的传统销售方式”的念头。2016 年 8 月 13 日，吉昌超组织了 6 名志同道合的返乡大学生，创建了海南助村公社现代农业科技有限公司，注册了“助村公社”商标，“助村公社”成为东方市首家镇级区域公共农业品牌。公司以“互联网 + 旅游扶贫”的运营模式，实施“一创三建”（创区域性农业公共品牌“助村公社”；建乡村体验营项目、乐安鸡产销诚信示范基地、千亩高效热带果蔬示范园）的发展规划，旨在“（通过）智力注入，引导社区帮扶农业，激活乡村内生动力，让乡村变得更有乡村味”。

助村公社成立了，但究竟该如何着手开展？以什么为切入点运营？是要对接客商销售农产品还是发展产业？若发展产业资金又从哪里来？这些现实问题摆在了吉昌超的面前。经过深入思考和细致调研，吉昌超发现乐安村阉鸡养殖已有35年的历史，由于林地放养，鸡吃虫吃草，养殖时间长达7个月以上才投放到市场销售，因此乐安的鸡深受广大客户喜爱。

实地调研中，吉昌超还发现，农户知识水平普遍较低，养殖管理方式相对粗放，没有主动学习新技术的意识，更没有打造品牌的意识，以户为单位养殖，没有形成抱团发展之势，也就没有了市场议价能力。鸡是好鸡，但到市场销售的价格还是和饲料鸡价格不相上下。吉昌超发现这个问题后，及时组织团队召开专题会议研究解决办法，会议确定了以乐安村散养鸡为切入点，开展线上线下产品营销和品牌建设推广，邀请中国热带农业科学院提供技术支撑，给农户不定期地培训养殖技术。就这样，逐渐打开了乐安鸡的销售市场，并慢慢树立了“乐安鸡”的品牌，价格也从原来的20元一斤提高到最高30元一斤，村民们获得了实实在在的经济收益。

十几年前的品牌“老乡鸡”在发展过程中，由于养殖户自己养殖，没有组织，无序发展，导致以次充好的不良现象时常发生，以致出现“老乡鸡”口碑差、销售难的问题。为了避免“乐安鸡”也出现这种情况，实现“乐安鸡”品牌化、产业化发展，2018年6月，吉昌超带领助村公社积极打造年出栏量8 000只的“乐安鸡”产销诚信示范基地，将林下生态散养和溯源体系有机结合，创建“乐安鸡”的专属“身份证”。为了满足广大客户的需求，助村公社在三家镇玉雄村、红草村、官田村、老乡村等11个村庄，联合养殖户设了11处“助村公社‘乐安鸡’产销诚信示范户”，从技术支撑、品牌建设、销售渠道等多方面给予全方位合作支持，坚持产销分离、各司其职、共同管控、效益共享的原则，旨在将“乐安鸡”打造成“东方第一鸡”，通过辐射带动更多农户享受助村公社的发展成果。

回头看，创业之路并非一帆风顺。2016 年 3 月份，吉昌超带领他的团队深入养殖户家里开展调研活动，部分农户不理解、不支持，甚至对他们冷嘲热讽，更有甚者质疑他们的动机不纯，认为他们就是想套取政府的补贴资金等等。面对质疑，他们心里满是委屈，团队的个别成员甚至打起了退堂鼓，但吉昌超始终坚定信心，认为只要不懈奋斗，做出成绩让村民享受到胜利的果实，村民们就会打消疑虑，跟着助村公社一起打拼。那时候，农户养殖的鸡主要销往东方、昌江一带，销路非常有限，导致常年供过于求，因此商家把价格一压再压，送到食店里的价格也就 19 元一斤，而养殖 7 个月以上的阉鸡成本要在 65 元一只左右，加上中间去掉的损耗，利润就少得可怜。后来在他们的努力下，“乐安鸡”的市场开拓到了全省，销路打开了，“乐安鸡”开始抢手起来了，价格也就顺其自然地一路上涨，销售价格达到了 26 元一斤，间接获益 16 万余元。随着价格稳步上涨，养殖户的信心也不断增强，养殖积极性异常高涨，全镇年出栏阉鸡约 5.3 万只，年收入保守估计达 477 万元。

2018 年 3 月 15 日，在东方市扶贫办和三家镇人民政府的支持下，助村公社投资 11.415 万元扶持乐安村 20 户 93 人的贫困户发展产业。在考察市场需求和综合自身销售渠道的基础上，吉昌超决定引进种植周期短、易管理、效益适中的热带高效水果台湾红心石榴，并通过“政府公益扶贫资金入股、贫困户参与管理和打零工”的方式获取分红，贫困户除了可以在基地打零工赚钱，享受年终分红外，还可以学习种植技术，脱贫后有意愿的还可以通过土地入股或分红款投资等方式在助村公社里当老板，保证其脱贫后有稳定的收入，不再返贫。吉昌超一直在探索如何发挥“互联网 +”的强大作用，经过不断调研和实践，他锁定了“互联网 + 认养果树”这种新模式，以 168 元认养

一株果树，认养后将得到果树一年的采摘权和挂牌权。这种新模式一推出，就得到广大客户的青睐，企业、事业单位人员甚至广州、深圳、北京等地的客户都过来认养。截至 2018 年 7 月底，已累计认养 30 亩共 2 037 株石榴树，销售额达 39 万余元。从卖果实到卖“归属感”的创新转变，让红心石榴这个扶贫产业着实火了一把，也为贫困户脱贫增收奠定了产业基础。在认养扶贫果树这一举措赢得社会广泛关注的同时，吉昌超在三家镇各村摸底果树种植情况，着手给果树进行登记编号，以“共享村落”为抓手，推出全域网上果树认养，充分激发农户的种植热情，为农业产业转型升级注入了强大的推力，也让城里人因认养果树而有了归属感，从而带动乡村相关附属产业发展，让村民获得实实在在的收益，提高村民幸福指数。

在乡村振兴战略驱动下，吉昌超开始着手创办助村公社乡村体验营。2018 年 9 月初，乡村体验营一期工程完工，主要项目有石磨体验区、石臼体验区、柴火体验区、丛林真人 CS、射箭区、自然科普认知区等。同时吉昌超还开发了“三家镇乐安村（农事体验）—三家镇居侯村（海南第一进士符确励志教育基地）—四更镇赤坎村（神石探秘）”等一日游体验路线。乡村不仅仅要吸引人来，更要留得住人，这样才能激活乡村的内生动力。吉昌超通过发展助村公社乡村体验营，辐射带动周边村镇，联动各村优势产业和特色文化、小吃，将其打造成产业化、组织化的旅游路线，以城乡互动方式促进乡村经济循环发展，改变过去单纯依靠季节性农作物收入的局面。

主要成效

助村公社乡村体验营一期工程投入使用近 1 个月，已接待新型职业农民培育和公司团体户外拓展活动近 1 000 人，累计创收 11.8 万元；和多个学校、小区达成合作协议，带动当地农产品销售额超 3 万元。预计旺季到来时，乡村体验营收入将超过 80 万元，解决当地数十名村民的就业问题。

经验与启示

要有“互联网 +”的思维

从甜玉米的滞销进而萌发创建助村公社，从乐安村散养鸡到开展线上线下产品营销，从卖红心石榴到卖“归属感”的创新转变……无不得益于“互联网 +”思维，是“互联网 +”让思维走出局限，实现突破。

要懂得建品牌赢市场

吉昌超说：“2017 年‘乐安鸡’销售量达 2.3 万只，销售额突破了 230 万元。价格从原来的 20 元一斤卖到最高价时的 30 元一斤，就是因为我们知道品牌有多重要，品牌就是好的口碑，所以，在助村公社发展中，我们积极建设品牌，包括把助村公社也注册成为区域性农业公共品牌，就是让品牌成为我们赢得市场的一个竞争武器。”

要破除守旧拥抱创新

作为千万返乡创业大学生中的一员，吉昌超就地取材，充分挖掘本土资源，运用“互联网 +”，以品牌要市场，找准产业增强“造血”功能，在成就自我的同时，带动百姓特别是贫困户增收致富。这足以说明在“大众创业、万众创新”潮流下，破除守旧思想，以创新思维对接市场，将会获得更多的优质资源，获得更广阔的发展空间。

·五指山市·

黄金香

人物名片

黄金香，1967 年出生，海南省五指山市南圣镇同甲村人，共产党员，2013 年至今担任村委会委员、妇女主任。通过产业发展，改变村容村貌，带动村民一起发家致富。

村庄基本情况

同甲村委会位于南圣镇北部，距离镇区 8 千米，依山傍水，毗邻五指山市重要旅游线路南水公路。全村下辖同甲一、永忠、番道等 5 个自然村 8 个村民小组。全村总户数 282 户，总人口 1 268 人，村党支部现有党员 56 名，其中女党员 14 名。全村以橡胶、槟榔、树仔菜、五指山蚂蚁鸡、忧遁茶等为主要经济收入。

创业过程

力排众议，突破传统种植观念

五指山的清晨空气清爽，气候宜人，黄金香带着她的合伙人一起开始了一天的忙碌。大家带着剪刀，拿着篮子在齐腰的“树丛”中来回穿梭，有说有笑，不一会儿篮子中的菜就放不下了，只好在袋子中整齐地摆放好，等待菜商来收购。忙碌了一上午，黄金香回到家中，望着路边高高的楼房和独栋的小院子，像一栋栋别墅一样。可是谁又能想到，在 21 世纪初，同甲村还是个低瓦房遍地的深度贫困村。

变化发生在 2002 年，彼时黄金香和其他村民一样在村内务农已有好几年了，以种植水稻为主，但是产量少，效益低，收入微薄。一次偶然的机会，黄金香听三亚的朋友说种植冬季瓜菜能赚钱，她与家人商量后，就种起了瓜菜，但因季节性变化太大，市场价格不稳定，导致亏损。在经过反复的市场调查后，黄金香总结经验教训，发现市场上树仔菜的需求大，价格高，且树仔菜属于五指山野菜的一种，在全省有一定的品牌效应，同甲村正好位于五指山的山脚，有种植树仔菜的优势。于是，黄金香决定大面积种植树仔菜。但丈夫不同意，认为还是种植传统水稻保险，既不用承担风险，也能保证全家的吃饭问题。家里人、村里人也都劝她踏踏实实种水稻，市场没价格还可以留着自己吃，不会亏。但是黄金香决心

已下，丈夫实在拗不过她的坚持，勉强同意将家里仅有 3 亩地中的 1 亩地给她“瞎折腾”，没承想“一折腾”却成了同甲村村民发家致富的主打产业。

刻苦钻研，破解种植难题

最初黄金香种植树仔菜的市场价格一直不错，但是她种植的树仔菜品质、产量就是上不去，守着一个赚钱产业，就是赚不到钱。为了破解这一困局，黄金香本着学习取经的态度，通过向书本学、向能人学，先后多次到镇上及市科工信局找技术人员学习技术，并以村、镇、市瓜菜培训为契机，向老师学习树仔菜种植技术。通过不断考察学习，黄金香终于明白树仔菜在既喜光照又耐半阴的环境下才能正常生长的习性，回家后毅然决然地给自家树仔菜搭起了简易棚。经过一年的适应，树仔菜的产量有了明显的提高，但是仍然达不到标准。经过反复研究，黄金香确定是自己的简易棚不达标，不能满足控温的要求。于是，黄金香给自家树仔菜搭了标准的大棚，增加了洒水的管道，进行规范化管理，使大棚达到控温、控水的效果。

自此，同甲村的树仔菜大棚种植的道路铺开了，产量得到了保障，收入也提高了，由之前的每亩不到 6 000 元到每亩平均 1 万元，村民的种植激情被激发出来，参与的农户越来越多，种植规模也越来越大。

野菜的家园化

来到同甲村的农田，一眼望去，随处可见的大棚园已成为同甲村产业发展兴旺的标志。在五指山市，提到树仔菜肯定会想到同甲村，树仔菜已成为同甲村的一张名片。

十年磨一剑，从2002年到2012年，经过十年的摸爬滚打，黄金香在树仔菜的种植上，无论是技术还是销售渠道已基本成熟，树仔菜也供不应求，家庭生活条件得到了明显改善。村民们都羡慕不已，想种树仔菜，但苦于无技术、怕卖不出去而不敢尝试。黄金香挑选了特别积极的王家辉等4户村民，给他们提供10余亩树仔菜种苗，并无偿担任技术指导，保障村民种植的产量，由合作社统一收购，为村民解决种植的后顾之忧。

通过“村民带村民，村民帮村民”的形式，同甲村树仔菜种植户数不断扩大，品牌的影响力不断增加。瓜菜收购商也由原来的1个增加到现在的5个。成片的种植树仔菜的大棚，真正让五指山野菜家园化，让树仔菜变成了实实在在的收益菜。

开创产销新模式，规范经营管理

种植树仔菜让村民的荷包鼓了起来，但是无序竞争也制约了产业的长足发展。2012年，随着村内树仔菜种植面积的不断扩大，种植农户越来越多，村民之间因为销售问题开始互相压价，出现恶性循环的苗头。如何调节村民之间的销售竞争，不让矛盾升级，是摆在黄金香面前急需解决的问题。

作为一名党员，一名村干部，又是带动同甲村树仔菜一步步发展起来的领路人，黄金香与村“两委”干部沟通后，觉得应该与农户一起成立一个合作社，一方面能兼顾村委会工作，另一方面又可以利用合作社规范村内无序销售的现象。于是她和村内早期与她一起种植树仔菜的王家辉等农户商量成立一个合作社，集中对接外来瓜菜商，统一全村的树仔菜售价，统一管理，杜绝同村之间因为竞争产生矛盾，影响邻里之间的和谐。经过反复研究，不断探讨，最终确定以土地入股的形式，成立村集体经济合作社，让村民在家门口赚大钱。

经过黄金香与王家辉等4位合伙人共同的努力，合作社很快成立了。黄金香开始动员全村树仔菜种植农户参与到合作社来。经过与树仔菜种植农户不断沟通，以“农户分散种植，合作社统一销售”经营模式，统一对外促销、统一收费标准、统一结算账目，规范了全村树仔菜的销售。

至此，同甲村树仔菜种植产业步入了健康发展轨道，传统农业种植模式顺利转型，成为南圣镇集体抱团发展的“样板村”，在全市都小有名气，

创建产业平台，带领农户共同增收

同甲村清晨的农田，在大棚内，时不时传出欢声笑语，那是村民开始了一天的劳作。由于长期采摘树仔菜，农户们已经熟能生巧，他们一边工作，一边聊天，说说村里的事，说说身边的人，流溢着幸福的、开心的笑容。

树仔菜产业的蓬勃发展，不仅带动种植农户走向小康，也带动其他村民一起增收。

没有种树仔菜的农户因自家地少，或者因为保持原有的种植模式，每年农种、农耕、农忙的时间有限，大部分时间都闲在家里打牌、喝茶。随着同甲村树仔菜产业的发展，在采摘期，有些农户家种植面积较大，自家劳动力不足，就在本村寻找剩余劳动力到树仔菜大棚摘菜、搬运、除草施肥，一天 80 元，为村内提供了许多就近就业的岗位。农户们没了闲工夫去打牌、喝茶了，口袋鼓起来了，村里的房子一栋栋盖起来，生活水平有了很大提高，村民精气神得到明显改变，整村面貌发生翻天覆地变化。

利用创办合作社经验，助力脱贫攻坚战

自扶贫工作开始以来，黄金香就一直以一名共产党员的先锋带头作用，引领村民一起发展生产。特别是 2015 年，扶贫工作进入攻坚拔寨期，黄金香因自家田地面积有限（3 亩），为了保障贫困户收益，主动带动 2 户贫困户，鼓励他们自主种植，她无偿提供技术支持，保障销售，让农户和自己一起赚钱。

2017 年，为增加村集体经济收入，消除全镇“空壳村”，带动贫困户抱团发展生产，镇委、镇政府决定在每个村成立一个村集体经济合作社。镇政府先后投入 20 多万元，在同甲村成立了集体经济合作社，种植 14.5 亩龙须菜。合作社租用村民土地，以贫困户到合作社务工、年底分红的方式，通过一个产业使贫困户获得 3 份收入，确保贫困户稳步脱贫，实现全面小康。

黄金香作为村委会委员，在村集体经济合作社创建初期，由于村民不愿出租

土地，她与村“两委”多次到村民家中做思想工作；她以自身创办合作社的经验，主动承担村集体经济合作社创办手续，缩短了合作社成立时间；合作社成立后，她虽然没有参与到村集体经济合作社的管理，却提供各方面支持，帮助村集体经济合作社发展。

主要成效

目前，全村树仔菜种植面积已由最初的 1 亩发展到现在的 300 多亩，种植户数已由最初的 1 户发展到现在的 90 余户，2017 年，树仔菜销售额达 200 万元，村人均年收入突破 9 000 元，树仔菜成为村经济发展的龙头产品。

经验与启示

认真钻研，勇于尝试，发展产业不忘帮扶邻里，甘于奉献，黄金香的成功，在于她紧紧抓住发展的机遇，不断攻坚克难，并深谙“众人拾柴火焰高”的道理，带动整村脱贫。

王亚芳

人物名片

王亚芳，男，黎族，海南省五指山市毛阳镇毛兴村人。共产党员，初中学历，退伍军人。2017 年获五指山市“优秀共产党员”称号。2017 年 12 月，他创建的“毛兴”朝天椒走进中国（海南）国际热带农产品交易会的展台。

村庄基本情况

毛兴村委会位于毛阳镇西南面，毛九公路 5 千米处，土地面积 8 913.61 亩，耕地面积 1 350.45 亩，林地面积 7 563.16 亩，总户数 412 户，总人口 1 513 人，主要经济来源为橡胶、槟榔、冬季瓜菜和水稻种植。全村共有 6 个自然村，划为 8 个村民小组，分别是坡尖一、坡尖二、毛兴一、毛兴二、南乐、什顺、什文贴、新丰等。村党支部现有党员 87 名。毛兴村是“十三五”建档立卡贫困村，全村原有建档立卡贫困户 83 户 316 人，剔除 9 户 26 人，现有 74 户 290 人。2016 年开展脱贫攻坚工作以来，毛兴村砥砺奋进，实现脱贫退出 24 户 85 人；2017 年脱贫退出 48 户 176 人；2018 年计划整村脱贫出列，退出 2 户共 9 人。

创业过程

自 2000 年退伍返乡创业，即使几经波折，王亚芳始终怀揣着一个梦想：要让穷乡亲们依靠土地富起来。这既是承诺，也是王亚芳富农梦的起点。近几年脱贫攻坚工作开展以来，他脚踏实地带领乡亲们发展产业，为黎村苗寨的振兴埋下了一颗希望的种子。

创业艰辛，风雨历程不懈寻梦

一方水土养育一方人。五指山，毛阳河，这里曾孕育出琼崖纵队二十三年红旗不倒的革命故事，在无数革命先烈事迹的影响下，少年时期的王亚芳怀揣着一个梦想，那就是穿上绿军装，扛起钢枪保卫祖国。1998 年 12 月，王亚芳应征到了湖南省衡阳市 76110 部队服役。服役期间，他刻苦钻研业务知识，努力工作，多次受到部队嘉奖。

“见了世面，才知道差距有多大。”入伍后的王亚芳第一次走进城市，见识到了不一样的天地，却因此更加思念远在大山深处的故乡。自小生长在山脚下贫困的黎村，王亚芳很早就体会到生活的艰辛。打着补丁的旧衣服哥哥穿不下，就留给弟弟穿，家里的米不够吃就煮稀饭，回来晚了锅里就只剩下米汤，一家人省吃俭用，到过年才能买到一件新衣服……在一次返乡探亲时，王亚芳站在村口，望着脚下青翠的稻田和参差不齐的破旧瓦房，感触万分，下定决心要为这个生他养他的村庄做点什么。2000 年，王亚芳婉言谢绝了部队领导的留队建议，毅然扛起背包，坐上返乡的列车回到那个养育他二十多年的村庄，开始了自己的创业之路。

很快，王亚芳就遭遇到创业之初的最大的困难——他没有资金，也不知道要做什么。没有方向，又何谈创业，更重要的是，他得先养活自己。

没有文凭，没有学历，只有钢一般坚韧的品格和一颗拳拳赤子之心。为了谋生，也为了增长见识，王亚芳曾辗转多个城市，当过保安，做过泥瓦杂工，日子飞快过去，离自己的梦想却越来越远，一想到这，王亚芳不免情绪低落，陷入迷茫与焦躁当中。“当时没想过，创业会这么难。”王亚芳回忆说。

转机出现在 2001 年的冬天。经朋友介绍，王亚芳在一家货运公司找到了一份运送冬季瓜菜到外省的工作，而正是这份工作，让他结识了许多事业上的朋友，也找到了自己的创业方向。

2008 年，王亚芳怀揣 2 000 元本金回到了家乡，开始了自己的冬种瓜菜事业。由于缺乏对瓜菜市场的了解和种植管理瓜菜知识，一年下来，瓜菜种植亏损得厉害，不但钱没挣着，还欠下不少债务，这对刚开始创业的王亚芳来说无疑是当头一棒，他的生活陷入困境，不得不依靠亲朋好友的救济过日子。为了熟悉市场，也为了还债，王亚芳重操旧业，又当起了货运司机。2011 年，王亚芳了解到香蕉种植前景好，市场需求量大，是个比较有潜力的项目。通过向亲戚、朋友借款，七拼八凑下来终于筹到了 10 万元本金，王亚芳吸取种植瓜菜时的经验教训，从当地土质到引进新品种，从香蕉种植技术到管理等，无不细心摸索，遇到种植难题更是虚心请教种植管理技术人员。正所谓天道酬勤，辛勤的付出终于换来应得的回报，种植香蕉两年间，王亚芳香蕉基地共采摘香蕉 30 吨，纯利润达 20 万元，到 2013 年，王亚芳香蕉种植面积已达到 170 亩，纯利润达到 30 万元。

特色种养，抓住机会谋求发展

在尝到香蕉种植带来的甜蜜成果后，王亚芳又在一次党员学习活动中找到了养殖豪猪的商机。当时，豪猪养殖在当地还是个新生事物。经过实地考察，王亚芳发现，豪猪是一种经济价值很高的动物，其肉质细腻，味道鲜美，富含钙磷矿物质等多种营养成分，素有“动物人参”之美称。王亚芳抓住机会，利用市、镇两级农民增收项目的契机通过争取创业项目资金发展豪猪养殖产业。2012－2014年，王亚芳的豪猪养殖基地共出笼150余只豪猪，创收利润20万元。

在毛阳镇党委、镇政府的引导支持下，王亚芳还成立了五指山什公馆农民种养专业合作社，合作社占地305亩，主要从事香蕉、橡胶、槟榔、花梨树种植和养殖白鹅、鸡，农产品产值近100万元，为当地提供就业岗位15个，带动7户农户发展产业。

2016年，在海南省农业科学院的大力支持下，王亚芳成立了毛兴富农专业种养殖合作社，利用农科院的人才技术指导，实施“苦瓜新品种与嫁接栽培技术示范”“五指山肉猪养殖技术示范”和“朝天椒标准化栽培及产业化”等项目，引导农户学习农业生产技术，并以略高于市场价的协议价和保底价格向农户收购农产品，创建“毛兴”品牌，做大做强本地农产品。2016年开展脱贫攻坚以来，王亚芳以普通党员身份率先垂范，吸纳30户贫困户加入合作社，分红20余万元，

带动多个贫困群众就业。

2017 年 12 月，“毛兴”朝天椒走进中国（海南）国际热带农产品交易会的展台，受到各地客商高度关注，市场行情持续向好。2018 上半年，王亚芳在毛阳当地推广朝天椒种植面积达 400 多亩，创收近 400 万元。

2018 年 9 月份，正值冬种瓜菜的黄金季节，王亚芳除了发动毛阳本地农户种植朝天椒 600 余亩外，又到白沙洽谈承包土地 300 余亩。他心里一直有个想法，那就是“毛兴”牌朝天椒不断扩大种植规模，逐步实现生产、加工、销售一条龙，成功从“引进来”到“走出去”。

饮水思源，吃水不忘挖井人

“我是农民的儿子，我从农民中来，最终还是要回到农民中去的，我能够种植香蕉致富，是依靠农民们的帮助，我发展朝天椒品牌，也靠农民支持，做人不能忘本，这就是我的原则。”

王亚芳致富不忘乡亲，只要是群众愿意学习种植香蕉、朝天椒或养殖豪猪技术的，他都给予力所能及的支持：帮助农户改良种养结构，积极预防疫病发生，免费指导种养技术；积极与销售商联系，帮助养殖户打开销路，促进养殖生产；对那些想种植朝天椒又苦于没有技术的农户，王亚芳多次走到田间地头，从如何整理覆盖地膜保植到病虫害防治，一条条仔细指导，最大限度减少自然灾害和病虫害的影响，帮助农户提高产量；对于家庭条件较差的困难户，王亚芳除了提供种苗和化肥支持外，还制订购销合同，为困难户的朝天椒保价。

主要成效

2017 年，因表现突出，王亚芳获五指山市“优秀共产党员”称号。他发展种养致富不忘乡亲，以实际行动带动农户致富奔小康。“苦瓜新品种与嫁接栽培技术示范”项目，种植面积 109 亩，带动 49 户农户参与，其中贫困户 12 户；“五指山区肉猪养殖技术示范”项目，养殖生猪 80 头，参与贫困户 20 户。2017 年分红 2 次，共计 82 500 元，大幅提高了贫困户收入水平和种植养殖技术能力；“朝天椒标准化栽培及产业化”项目带动周边贫困户和一般农户加入，通过与农户签订种植协议，以保底价收购农户的朝天椒，付给农户收购款 300 多万元。一分耕耘，一分收获。王亚芳的汗水结出累累硕果，赢得了广大群众的认可。王亚芳不仅是当地优秀党员带头致富人，更是新农村建设中典型的创业青年代表。

经验与启示

农村青年创业要有敢闯敢试的干劲

王亚芳的创业道路从来就不是一帆风顺的，在创业过程中也遇到了困难和失败，但他从不退缩，正是他身上那坚韧的品格和敢闯敢试的干劲，让他克服种种困难，取得成功。

农村青年创业要注重学习掌握技术

如果没有技术支撑，王亚芳发展朝天椒种植、白鹅及豪猪养殖等都难以保证效益。他充分利用了农科院的人才技术优势，学习掌握农业生产管理技术，有效提高了农产品质量，增强了农产品的市场竞争力。

农村青年创业要充分带动群众参与

王亚芳发展产业致富不忘乡亲，不仅直接带动群众致富，还免费给予技术指导，为毛兴村脱贫攻坚工作顺利推进、全村群众增收致富做出了贡献，他本人也获得了群众更多的支持，产业越做越大。

·乐东县·

王金凯

人物名片

王金凯，男，1976 年 7 月出生，中共预备党员，大专文化水平，乐东黎族自治县九所镇九所村人。2013 年村级换届选举，以 1 250 票当选为九所村委会副主任。面对角色的转变和肩上的担子，怎样才能当好村干部一直是他不断思考的一个问题。王金凯在当选表态发言时说："做农村工作对于我来说是外行，但我也是农村人，我有信心和决心履行好这份职责。"

邢福甫

人物名片

邢福甫，海南省乐东黎族自治县黄流镇佛老村人，1983 年 3 月出生，汉族，共产党员，2006 年 7 月毕业于华南热带农业大学热带果树专业。毕业后在家乡十年如一日潜心钻研芒果种植技术并取得丰硕成果，被当地老百姓称赞为“果王”。现任海南省第七届政协委员、乐东县大学生村官创业示范基地党支部书记、共青团海南省委常委。

村庄基本情况

佛老村，位于海南岛的西南端，乐东黎族自治县黄流镇的中西部，全村总面积约 12.78 平方千米，总人口 5 000 多人，皆为汉族，远眺群山环抱，靠山临海，交通便利。

创业过程

村民所想所愿，就是他的工作目标

邢福甫的老家就在乐东县黄流镇佛老村，他能够顺利完成学业，就是靠家里种植的 50 亩芒果的收成。上大学期间，他就下定决心要学好种植技术，将来回家乡发展芒果种植业。

他担任乐东丰源种植农民专业合作社工会委员会主席职务后，多方调查摸底，了解到社员和村民存在着“一少一多二主三低”问题，即全村耕地少坡地多（耕地 1 500 多亩，坡地 2 000 多亩），群众经济来源以外出务工、种植反季节瓜菜为主（外出务工 1 200 多人，种植反季节瓜菜 500 多亩），农业发展、农民收入以及全村公共基础设施建设水平低，全村没有一条像样的水泥路。全村 1 020 户 3 900 人，其中八成以上都想创业，但受观念束缚、技术缺乏、经验和资金不足等因素的困扰，又普遍存在着害怕失败的心理。大家所想所愿，正是自己的工作目标。于是，他决定利用自己所学的专业知识和在创业实践中摸索出来的经验，帮助合作社并带领村民创业致富。

带领农民创业，必须先做给农民看带着农民干

要带动群众致富，自己要先富起来，起到表率作用。邢福甫决定用自家的 50 亩芒果园做实验，尝试实行“理论和实践相结合，科学种植，科学管理”办法，将在大学期间学到的枝条嫁接改良、节水滴灌、反季节产果等种植技术，大胆应用到实践当中。他基本上每天都是五点半起床到果园里做实验，观察果树生

长周期，渐渐总结出来一套属于自己的管理经验和技术。他的50亩芒果，不仅比传统方法种植的早熟两个月，而且实现一年结果两次的重大技术突破。芒果产量比传统种植方法翻了一番，果质优良、口感也略胜一筹。

以前，农民种芒果，多数凭感觉施肥喷药，品种也多年不变。邢福甫的新品种、新技术，让他种出来的芒果成了名副其实的“果王”。仅以红金龙这个品种为例，一般亩产2 500斤左右，而邢福甫亩产却达到4 500斤。

实现共同致富，攻克创业难题是关键

“一人富不算富，大家富才是真的富。”他以此为奋斗目标，通过创业成功，取得了农民的信任。群众纷纷向他取经。他手把手传授种植技术，介绍种植经验。为帮助合作社和更多农民提高芒果产量和品质，他借助培训基地平台举办免费培训班，自费印制技术手册，定期开展技术讲座，到较大的果园进行现场技术指导。

在他的带动下，佛老村种植芒果5 000多亩、木瓜1 000多亩，种植面积翻番，农民人均纯收入也有了明显提高。短短几年，佛老村70栋“芒果楼”拔地而起。

2016年，海南省农业厅植物保护总站联合乐东黎族自治县农业技术推广服务中心，在邢福甫创办的示范基地开展生态循环农业（农药化肥减量）全程示范。示范核心面积70亩，辐射带动面积1 000亩。示范果园从生态、品质、安全的角度出发，集成示范太阳能灭虫灯杀虫技术、色板诱杀技术、性诱技术、生物天敌技术、植物诱导免疫技术、有机肥和生物菌肥应用技术、保水技术、果园生草还田技术等。在用肥上坚持以有机肥和生物菌肥为主，化肥为辅；在除草上坚持果园生草，割草还田；在病虫害防治上坚持生物和物理防治为主，化学防治为辅。截至目

前，示范果园集成使用太阳能灭虫灯、色板、天敌等防治虫害，化学农药比周边果园减量43%以上，其中除草剂全园做到零用量，效果显著。

主要成效

为引导农户在新的环境下发展生产、改善生活、脱贫致富，邢福甫通过构建“公司 + 农户”模式，立足贫困地区资源禀赋发展特色产业、实施产业扶贫，使全村每个贫困户都有主导产业，带动村民特别是建档立卡贫困户稳步增收；使全村每户有劳动能力和产业发展意愿的建档立卡贫困户都能参与到产业扶贫当中来，达到脱贫的目标；确保贫困户的投资收益，即保底收益不低于每年10%/亩，有效提高贫困地区自我发展能力，实现由“输血式”扶贫向“造血式”扶贫转变，保障贫困地区和贫困人口真脱贫、不返贫。

经验与启示

邢福甫为了扩展视野，积极参加乐东黎族自治县大学生村官创业俱乐部，经常出席创业俱乐部各类讲座活动，与别人分享经验，也向别人学习新思路，做到常学常新。

创业的道路不会是坦途。创业就是不断发现问题、解决问题，向困难挑战的过程。创业的路子千万条，只有贴合村情、选对路子，才能赢得理解支持。创业实绩只能代表过去，只有在自己的岗位上不断进取，踏踏实实，一步一个脚印，用自己所学带领村民致富，才能真正体现人生价值。

·澄迈县·

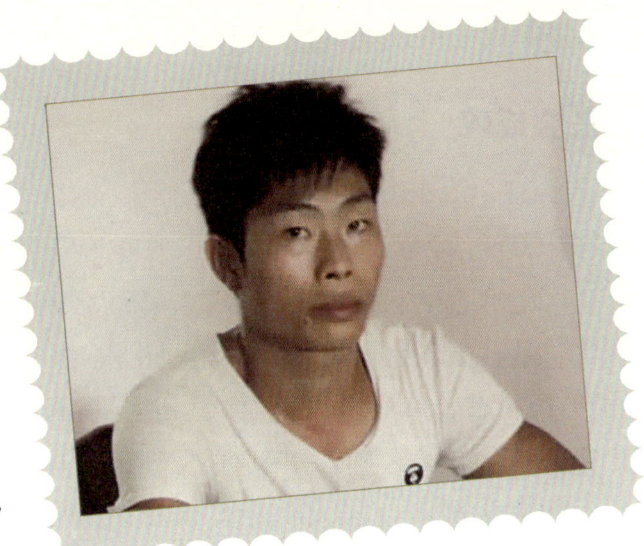

李达宽

人物名片

李达宽，1993 年 8 月出生，海南省澄迈县金江镇善井村人。2014 年 7 月毕业于山东畜牧兽医职业技术学院，畜牧兽医专业，大专学历。

村庄基本情况

善井村委会位于金江镇南部，下辖善井村、安良村、后岭村、后村村、白沙村、新安村 6 个自然村。全村共有 438 户，总人口 1 879 人。居民经济收入以农业生产、外出打工等为主。

创业过程

创业初心

作为一名村里生村里长的孩子，他的梦想朴实而接地气：当一名兽医。李达宽说："如今的创业之路和梦想有千丝万缕的关系，梦想是童年深刻的烙印。我家里三兄弟，主要靠养猪、种菜过日子，生活平淡而清苦。我的母亲和大多数农村妇女一样，经历坎坷，但勤劳而善良。记得那是 2003 年深冬的一天，母亲和以往一样很早起床到猪栏喂猪，却发现猪都不吃饲料了，母亲非常着急。但村里通信还不发达，没手机没电话，母亲没收拾就立即坐车到镇上找兽医。兽医对母亲说，你先回去，我随后就到。母亲赶忙回来一直等着、盼着，直到第二天下午，兽医才到，可猪已经死了两头了。两头猪对当时的我们来说就是全家好几个

万元帮他渡过创业难关。同时县委、县政府了解到他的情况后，也资助了 8 万元帮助他重振基地。面对母校和社会各界的殷切关怀，李达宽重拾信心，带领凯迪合作社全体人员再一次踏上创业征程。

主要成效

合作社 2014 年成立至今，不断完善各项管理机制，采用了全方位销售模式和新的农业生产模式：养殖模式，采用“种苗场 + 合作社 + 农户 + 贫困户 + 育肥基地”方式，全程电子标签追溯机制；种植模式，用养殖环节产生的沼液、沼渣、鱼塘废水种植农作物，实现全程无化种植；技术模式，使用中药防治技术和 SOD 有机富硒饲料配方，按照有机富硒养殖技术操作；管理模式，实行种苗、饲料、防疫、育肥、销售的五个统一，全程信息化管理；技术支持方面，与中国农业大学、广西农业科学院及海南省农业科学院等科研平台联手，共同打造先进技术服务团队，为项目提供技术服务保障。

合作社主要生产富硒产品：通过富硒土地种植的饲料原料，在深加工饲料时添加无机硒产出富硒畜禽产品，有黄牛、黑猪、草鹅、草鸡等；通过富硒土地、集硒沼液沼渣、集硒鱼塘水，循环利用硒元素种植出富硒农作物，有玉米、地瓜等；有机生产循环附属产品有生物有机肥、沼液、沼渣、电能等。为树立市场竞争优势，李达宽积极开展品牌建设工作，2018 年 4 月份已成功注册了善井黄牛、黑猪、草鹅等系列产品商标。

在产品的销售方面，

采用线上线下全方位营销模式：线下采用批发零售、深加工餐饮等渠道销售，2018年年初开设了第一家线下直营餐饮店——凯迪犇牛馆；线上利用各类电商App和微信小程序进行销售。过去3年，合作社年平均销售收入达439万元，年销售毛利润87万元，平均销售额增长率达到21%。

合作社成立以来，获得了社会关注和肯定：2014年被评为澄迈县大学生返乡创业示范基地；2015年项目法人被推荐为澄迈县大学生返乡创业代表赴台湾屏东大学进修学习；2016年获澄迈县大学生返乡创业大赛初创组二等奖；2017年分别获评澄迈县创业示范户、澄迈县科技示范基地、无公害畜产品产地认定基地、海南省2017年肉牛养殖标准化示范场；2018年8月获澄迈县大学生返乡创业大赛现代农业组三等奖、第三届“中国创翼”创业创新大赛海南赛区初赛创业组二等奖。

合作社发展中，积极带动周边农户加入生态养殖产业的阵营中：将优良的种牛、鸡苗、猪苗、鹅苗提供给农户和贫困户饲养；提供各种新技术，实验示范；以高于市场价格的5%回收育成畜禽。合作社、育肥基地、农户（贫困户）建成“供—产—销”一体化的运作模式，实现合作社、贫困户、农户共赢。目前合作社已带动黄牛养殖400户、黑猪养殖150户、草鸡养殖15户，草鹅养殖30户，带动农民增收合计1 000万元以上。

自2016年8月至今，作为澄迈县扶贫物资询价单位，合计发放畜禽种苗约3万头（只），带动约600户贫困户增收500万元以上。

经验与启示

李达宽的农业创业之路风险高，特别是畜禽养殖，最怕发生瘟疫病害，导致畜禽大规模死亡，所以选抗病能力强的品种、养殖技术要过关、做好畜禽防病治病工作都是最基本的要素。海南是全国首个无规定动物疫病区，畜禽养殖合作社的发展，要发挥本土优势，在创业过程中戒骄戒躁，务实苦干，看准市场需求，打造品牌，强化核心竞争力，增加产品附加值，坚持有机健康品质的产业发展道路，才能在市场上立于不败之地。

徐取俊

人物名片

徐取俊，海南省澄迈县大丰镇才存村人。返乡创业大学生，法学学士、工商管理硕士。他利用自己积累的工作经验与社会关系回到农村创业，建立了澄迈县大丰镇第一家农民专业合作社——澄迈才存益民畜牧养殖专业合作社。合作社成为澄迈县“鼓励和扶持返乡大学生自主创业示范基地”，2018 年获得澄迈县第三届创业大赛一等奖。

村庄基本情况

大丰镇才存村位于澄迈县北部，北临琼州海峡，东南与金江镇接壤，西与福山镇相连。海口、儋州、定安近600万人口就位于才存社区1小时交通圈内。才存社区所处的大丰镇分布有高铁、高速、国道等主要交通干线，具备良好的交通条件。全村共有160多户，约715人，是粮食、甘蔗、冬季瓜菜种植和牛、猪、羊、鱼、鸭养殖主要产区，第一产业主要为稻谷、瓜菜，养殖业中的羊、果子狸为该村特色产业，人均年收入约11 000元。

创业过程

2006年7月，徐取俊大学毕业后，先后在中国移动广东公司东莞分公司与保利集团香港保利海南置业公司工作。他发挥一个从农村走出来的大学生吃苦耐劳、兢兢业业的工作精神，每年都获得先进个人荣誉，2009年还获得了省级先进个人，其带领的基层团队获得了该年度的最佳管理团队奖。

徐取俊积极向上，从未放弃过学习。在艰苦创业的同时，他参加全国联考，取得了攻读工商管理硕士学位的入学资格。

徐取俊具有较强的社会责任感与报效家乡的决心。2011年，他毅然辞掉了央企优越的工作（保利地产项目开发部经理），投身海南绿色崛起的建设浪潮中。他利用自己的工作经验与社会关系回到农村创业，建立了澄迈县大丰镇第一家农民专业合作社——澄迈才存益民畜牧养殖专业合作社，在村里利用闲置土地和剩余劳动力，搞起了农业休闲采摘园、名贵树种园、冬季瓜菜种植基地、特种养殖基地（黑山羊、果子狸养殖基地）等项目，成了村里的致富带头人，合作社也成为县里“鼓励和扶持返乡大学生自主创业示范基地”，得到政府的重视和资金支持。

业全面发展，等等，起到了积极的作用，形成澄迈县独有的人才创业品牌和完善成熟的扶持返乡大学生自主创业模式。

村乡振兴，农民生活富裕是根本。在创业之初，徐取俊就定下了一个长远的目标，那就是影响和带动当地村民实现共同致富。回乡创业的几年来，徐取俊组织带领年轻村民外出考察学习，开阔视野，改变传统落后的思维，利用海南全域旅游的大环境，凸显乡村旅游的区位优势，引导消费型生产种植，鼓励村民利用闲置土地种植与养殖高品质农产品，发展“院子经济”，保真乡村经济适度规模发展，取得了很好的效益。

·临高县·

孙丽娜

人物名片

孙丽娜，女，1986年7月出生，大专文化，海南省临高县皇桐镇中林村委会美珠村人。从2013年起担任皇桐镇中林村委会计生员兼村妇联副主席。孙丽娜工作勤勤恳恳，热心助人，深受镇村干部及当地百姓的认可和喜爱。2015年获得“临高县优秀计生员”称号，并当选为临高县第十五届县人大代表、海南省妇联第七届妇女代表。2018年5月，作为海南省一名农村代表去江苏省阜宁市参加第二届农民体育健身大赛，获得优秀组织奖。

村庄基本情况

中林村委会位于临高县皇桐镇南部，离镇政府驻地 15 千米，是“十二五”建档立卡贫困村。该村下辖 5 个村民小组 327 户 1 344 人，全村国有土地面积 15 500 亩，林地面积 6 800 亩，耕地面积 6 200 亩，其中水田面积 1 425 亩，坡地面积 4 775 亩，人均耕地面积 4.52 亩，人均水田面积 1.04 亩。主要产业为橡胶、瓜菜种植，2017 年年人均纯收入约 4 125 元。

创业过程

创业艰辛，刻苦学习

提起养羊，人们往往会与“脏臭累”联系在一起，但孙丽娜不怕脏也不怕累，她始终认为，养羊是一条致富的道路，只要坚持下去，一定会有收获。

“结婚的时候比较穷，什么也没有，房子矮小、阴暗，更别提一件像样的首饰。”面对这样一个家境，孙丽娜没有抱怨，而是和丈夫王小丰一道不断探索着致富门道。她把自己所有的积蓄都拿出来，买了 10 只本地黑山羊进行散养，开始了她的养羊之路……

白天，孙丽娜除了村委会繁忙的工作外，就是清理羊圈，仔细观察黑山羊的生活习性，晚上，她就在灯下学习《肉羊高效养殖技术》《养羊技术大全》《养羊高发病》等知识，很快从一个门外汉变成了养羊能手。在夫妻俩辛勤努力下，一年后，出栏阉羊 10 只，纯收入达 2 万元，养殖获得初步成功。

摸索经验，永不放弃

孙丽娜养羊一直坚持自繁自养，由小到大，由少到多，滚动发展的原则。起初，由于防疫措施等技术未到位，羊崽成活率较低，夫妻俩为此苦恼了好长时间。但是孙丽娜在失败面前没有低头，她更加注重对科学养羊技术的学习，利用空闲时间参加了中专班、大专班的学习并顺利结业。她还经常打电话向县畜牧兽医站请教。她常说：“跟兽医员学，跟防疫员学，买书回家自学，这样才能不断提高自己。”有时羊得了病，她就边看着书打针下药，边做笔记，详细分析病症；遇到难题就及时问有经验的人，虚心学习，认真请教，注重搜集有关本地黑山羊高效养殖的新技术。孙丽娜的黑山羊在2017年底已发展到140只，羊舍180平方米，由于散养，黑山羊肉质鲜美，节假日都要提前预订才能买到，2017年春节前一个月，所有的阉羊全都预售完，这更加让孙丽娜坚定了养羊致富的决心。

开拓创新，多种经营

孙丽娜积极响应皇桐镇党委、镇政府调整农业产业结构的工作部署，她放弃了种植多年的糖蔗，鼓动家人改种了高效益的芋头和桑叶，1亩芋头纯收入就有1万元左右。由于美珠村属沙质土壤，种植的芋头不仅个头大，而且粉、香、软，收成期主要在7—10月。走在美珠村广袤的田野上，农田里到处都是一排排绿油油的“小香芋”，农户正抢抓时节，挖土、除草、移栽芋种……一派繁忙劳作景象，这是村民看到孙丽娜种植的芋头效益高，销路好，纷纷在自家田地里新增了芋头种植。孙丽娜看到了芋头的种植面积不断扩大，村民种植热情也高涨，就寻思能不能成立一个芋头合作社，大家抱团发展。想到就要实施，2018年6月，孙丽娜在村委会的工作例会上，提出了组建农民合作社的想法，大伙非常支持，中林村党支部书记庞伟当场向镇党委书记打电话汇报，镇党委、政府也非常支持和赞同中林村委会村民因地制宜、合力发展的规划，并要求孙丽娜不仅要做好村委会工作、自家产业的发展，还要引导和鼓励当地贫困户加入种植行列，共同发家致富。镇党委并指派镇干部帮忙联系芋头包装、电商销售问题，目前合作社已经挂牌成立。

2010年，看到土蜂蜜供

不应求，孙丽娜敏锐察觉这是一个商机，开始与丈夫学习养蜂，由最初的 2 箱慢慢扩展到 8 箱。由于她严格控制蜜蜂分箱，养殖规模虽然发展缓慢，但蜂蜜质量好，她的蜂蜜都要提前预约才能购买到。

2016 年在中专班充电学习时，孙丽娜无意间听到有同学养殖黑豚鼠，便向同学打听黑豚鼠的养殖技术和发展前景。经多方咨询后，她主动与县农业局联系购买 20 只黑豚鼠幼崽开始养殖，通过自繁自养，现有 150 只黑豚鼠，种植 2 亩牧草，现市场价 350 元 / 对（一公三母）。黑豚鼠属高蛋白、低脂肪、低胆固醇食品，所含的黑色素能清除人体内自由基、防止脂质过氧化，从而起到延缓衰老的作用，所含的铁质是甲鱼的 3 倍，还含有丰富的防癌、抗癌元素锌和硒，而胆固醇和饱和脂肪酸的含量很低，是一种理想的营养、滋补保健食品，符合 21 世纪自然保健黑色食品的消费新潮。但孙丽娜考虑到目前乡镇养殖规模小，当地百姓对黑豚鼠的养殖和发展前景了解比较少，销路窄，还不敢进一步扩大养殖规模。

勤劳致富，带动乡邻

孙丽娜发展产业致富之后，不忘众乡亲，先后帮助和带动周边 15 名贫困妇女走上了脱贫致富道路，并在技术、资金、销售、信息等方面提供帮助，使每户贫困户增收 2 万元以上。如今在孙丽娜的家中经常看到来咨询、参观的养殖户，对于来访的乡里乡亲，她都很耐心地讲解，亲自带领参观。目前，发展黑山羊和黑豚鼠养殖已经成为该村增收致富的一大亮点。

主要成效

孙丽娜响应镇党委、镇政府的号召，积极调整农业产业结构，搞多种经营，白手起家，一步一个脚印，2005—2017 年，已发展养殖母猪 7 头（年售仔猪 120 余头）、本地黑山羊 180 只（羊舍 300 平方米）、黄牛 16 头、黑豚鼠 150 只以及种植芋头 4 亩、种桑养蚕面积 16 亩，所有产业年纯收入 40 万余元，是村里有名的致富能手。在 2016 年底她建起了 280 平方米小洋房，购买了一辆面包车，并带动周围的妇女共同致富，成为妇女致富的“领头雁”。

经验与启示

创业动力来自贫穷，创业充满酸甜苦辣。孙丽娜及家人坚信命运要靠自我掌握，只有不断努力，才能摆脱困境，获得成功。正是凭着这样的信念和决心，孙丽娜一家成功地将脱贫致富作为谋事创业的动力和压力，不断追求、创造财富。

农民思想是很淳朴的，创业致富成功之后，都会饮水思源，回报家乡，孙丽娜带领村贫困户脱贫致富的事例就是很好的证明。因此，在农村发展合作社，让致富带头人引领贫困户脱贫致富的做法值得倡导。

当然，如今的市场千变万化，镇党委、镇政府要根据上级政策及时部署，因地制宜谋划好产业发展，适时鼓励、引导辖区百姓调整产业结构，严格落实惠农补贴，激发辖区百姓的种植养殖热情，减少他们的投入成本。

促进农村青年发展种植养殖业发家致富必须要广泛整合社会资源，“借题发挥”“借势发力”，通过与相关部门的协作共赢，把创业的思路和想法变为促进农村青年就业创业的具体实践。同时，促进农村青年发展产业不能只停留在口头上，开展针对性、实效性强的培训、指导，为广大农村青年提供有效服务，才能实现“点亮一盏灯，照亮一大片”的示范引领作用。

张世江

人物名片

张世江，男，1985 年 4 月出生，2007 年 6 月入党，海南省临高县皇桐镇武维村人。2005 年 6 月从海南省农业学校毕业后，张世江回到武维村任第一村民小组组长，2009 年当选武维村党支部委员，2010 年至今担任武维村党支部副书记，是皇桐镇青年创业致富典型之一。

村庄基本情况

武维村位于临高县皇桐镇西南部，离镇政府驻地 3.9 千米，是武维村委会下辖的一个自然村。武维村委会 7 个村民小组，共 303 户 1 233 人，总面积 6 200 亩，村民主要收入来源为橡胶、香蕉、冬季瓜菜种植。

创业过程

规模种植香蕉，追逐致富梦想

2009 年底，海南的香蕉市场非常好，张世江看到身边的同学一个个通过种植香蕉赚钱致富，不由得心动了。张世江想着自己本来就是学习种植专业的，有更大的优势，只是家里香蕉种植规模太小，除去成本，基本赚不了多少钱，于是他有了扩大香蕉种植面积的打算。

当张世江向家人表达自己的想法时，却遭到母亲的反对。因为母亲觉得种植香蕉能不能赚钱，更多的是靠运气和天气。香蕉的价格并不稳定，也许今年价格好，但明年就有可能降低，一下子扩大种植面积，成本投入太多，风险太大，一旦管理不好，别说赚钱，怕是连老本也要赔进去。

虽然父母不看好，但张世江依然坚持自己的想法，他认为发展农业，没有风险是不可能的，排除灾害性天气，自己只要将学到的专业知识应用到香蕉种植中，一定能将香蕉园管理好。经过再三说服，张世江的创业想法最终得到全家人的支持，父母也把多年的积蓄给了他，希望他能实现创业梦想。村委会得知张世江的打算后，也给予全力支持。

万事开头难，学思勤勉来帮忙

2010 年初，在武维村党支部书记张河的帮助下，张世江成功地把村里闲置很久的 60 亩集体土地承包下来，开始种植香蕉。万事开头难，为了清理杂草灌木，光雇佣机械和人工就花去了 5 万元费用。等张世江和父母把香蕉苗种下后，张世江才发现，自己虽然是学种植专业出身，但真正应用到实践上，还是存在差距。有一次因为肥料分量没有把握好，导致成片的蕉苗开始枯黄。张世江马上联系农校的老师，在老师的指导下，才及时解决难题，避免了损失。经过这一次弯路，张世江开始反思，自己终究是过于想当然了，以为凭着自己的专业知识就能够成功种植香蕉，这个想法是错误的，大规模的香蕉种植必须要有专业的技术人员管理。通过朋友介绍，张世江高薪聘请了一对有丰富种植经验的广西夫妇来管理香蕉园。

有了专业技术人员的加入，张世江的香蕉树长势良好，蕉苗粗壮挺拔，蕉叶青翠硕大。然而天有不测风云，2010 年 10 月，强台风“鲇鱼”虽然没有正面登陆海南，但强风和强降雨，给张世江的香蕉园带来巨大的打击，大约三分之一的香蕉树被风吹倒或吹断，强降雨也带来大量的病虫害。

台风过后，张世江和家人一头扎进蕉园，把倒了的香蕉树扶正，把断了的香蕉树清除，及时喷洒农药进行病虫害防治，这一干就是四五天。在这几天里，看着香蕉园的狼藉景象和挥汗如雨的父母，张世江身心备受煎熬，几度想要放弃，但一想想当初的决心和父母的支持，便打消了念头。

皇天不负苦心人，张世江的香蕉园虽然经历台风的摧残，但是大部分香蕉树都顺利开花结果，而且由于台风的影响，这一年的香蕉收购价格较往年都好，所有收入除去成本后，居然还赚了不少。经过这一年来的艰苦奋斗，张世江也明白了创业光有勤勉是不够的，还必须不断学习和转变观念。

发现致富新路子，立志成为福橙种植专家

张世江的香蕉园管理步入正轨，每年的收益也趋于稳定。2016 年，张世江开始寻思着发展其他种植业。有一次去澄迈县福山镇采购物资，他发现福山种植的橙子居然卖到十几块钱一斤，市场价格最低时也有七八块钱一斤。张世江便到福山附近的福橙采摘基地打听，通过实地考察，了解到福橙的种植条件，他觉得皇桐镇距离福山镇 10 千米左右，土壤都是渗水性很好的肥沃红壤，应该同样适合福橙的种植。

说干就干，张世江把原来家中承包种植甘蔗的 50 亩土地清理出来，种上了 3 000 株橙树苗。自从种植福橙后，张世江所有重心都投入福橙种植上面，他白天在福橙园里除草施肥，观察福橙的生长情况，晚上有空就到村文化书屋学习福橙种植技术，总结种植经验。在细心的管护下，福橙生长迅速，3 000 株橙树枝繁叶茂。

皇桐镇领导考察时，张世江乐呵呵地讲解道："像这株枝叶太多了，应该把中间的主枝剪掉，留下两三根旁枝，使它纵向分支，这样有利于橙树叶进行光合作用，促进生长，也有利于以后采摘橙果……按照一般的种植习惯，福橙第二年就会开花，但是一般不会让它们在第二年结果，要进行人工摘除花苞，必须等到第三年结果，这样能保证橙树的健康和结果的质量。"张世江的福橙树由于前期管护较好，大部分第一年就开花了，张世江请福山的朋友过来看，他们都觉得很惊讶，都问张世江给橙树施了什么肥。

饮水思源，带领乡亲共同致富

自己腰包鼓了不算有本事，帮助贫困户一起脱贫致富才是真本事。张世江始终没有忘记自己党员干部的身份和职责。张世江长期雇用武维村贫困户张万洪到自己的福橙基地工作。在到张世江福橙基地工作前，张万洪每天除了酗酒，就是睡懒觉，日子过得一塌糊涂，是村里有名的懒汉。自从到福橙基地工作后，张万洪的生活状态有了很大改善，他主动控制每天的饮酒量，慢慢回归正常的作息，一有空就到福橙基地帮忙。除了解决贫困户张万洪的就业问题，张世江还雇佣其他贫困户到他的两个果园打零工，努力帮助他们增加收入脱贫。

主要成效

目前，张世江的 50 亩福橙树都挂满了福橙，预计产出 15 万斤，按市场最低价计算，保底收入 100 多万元。皇桐镇有关领导曾多次到张世江福橙基地考察，为了更大地发挥福橙基地增收效益，使武维村委会更多贫困户受益，皇桐镇委、镇政府正准备帮张世江申请成立合作社，创立“皇桐福橙”品牌。同时，镇委、镇政府计划在合作社成立之时，尽量雇佣村里的贫困户，进一步解决贫困户的困境，助推脱贫攻坚战的胜利。

经验与启示

张世江在创业之初对农村青年创业就业的优惠政策完全不了解，遇到困难都要自己克服。为此，皇桐镇委、镇政府加大了相关政策的宣传，经常性地开展农村种（植）养殖专业技术培训。

张世江创业依靠的是自己和父母的一点积蓄，创业过程中遇到过资金周转问题，这也是农村青年创业所面对的难题，皇桐镇委、镇政府加大了农村小额贷款的力度，助力农户发展产业增收致富。

·定安县·

符瑞福

人物名片

符瑞福，男，1979年9月出生，中共党员，海南省定安县富文镇大坡村人，农村干部大专学历教育班学员。2001年符瑞福从海南省农业学校园艺专业毕业，只身一人前往三亚，在台湾老板开的农场里当起了工人，他边工作边摸索，逐渐掌握了果树施肥、嫁接、打药的技术，终于成了该农场的技术员。2005年，他辞职经商，在三亚从事水果批发生意，现在，把握住了机遇的他生意也越做越大，年收入已近30万元。

村庄基本情况

大坡村委会位于定安县南部，距离富文镇墟 10 千米，有大路坡村、李村坡村、坡仔村、牛乳村、三口村、长田坡村等 6 个自然村，12 个村民小组，人口 428 户 1 853 人。辖区内有水田面积 2 035 亩，坡地面积 8 600 亩。全村主要经济作物有橡胶、槟榔等，其中橡胶种植面积 3 000 亩，槟榔种植面积 1 000 亩；此外还种植“八月红”香芋 150 亩，麻竹 100 亩，三红蜜柚 300 亩。2014 年农民人均收入达 2 680 元。

创业过程

“生意逐渐步入正轨后，我就想到，如果能自产自销的话利润可以更高些，而且在家乡大路坡村还有许多土地可以利用，可以带动乡亲共同致富，于是我就开始谋划回家乡发展水果种植的事了。”符瑞福说，在做生意的过程中他发现三红蜜柚和榴莲蜜非常畅销，于是，2014 年 4 月，他到福建省平和县和海南省五指山市、琼海市实地参观学习种植技术，8 月就回到定安着手承包土地、平整土地、购买种苗等事宜，11 月正式投入种植。

随后，在家乡富文镇大坡村委会，符瑞福投入资金 300 余万元成立了合作社。

2014 年，合作社开始种植三红蜜柚、榴莲蜜、珍珠红石榴和菠萝。在 2016 年 3 月，合作社里的第一批菠萝和石榴成熟了，总销售额达到 70 余万元，不仅让符瑞福备受鼓舞，也让加入果园的贫困户尝到了丰收的甜头。

为更好地发挥致富能人的作用，经过市场考察，在 2015 年底，符瑞福决定在种植果树的基础上，投入 100 多万元，修建近千平方米的羊舍，建立黑山羊养殖基地。

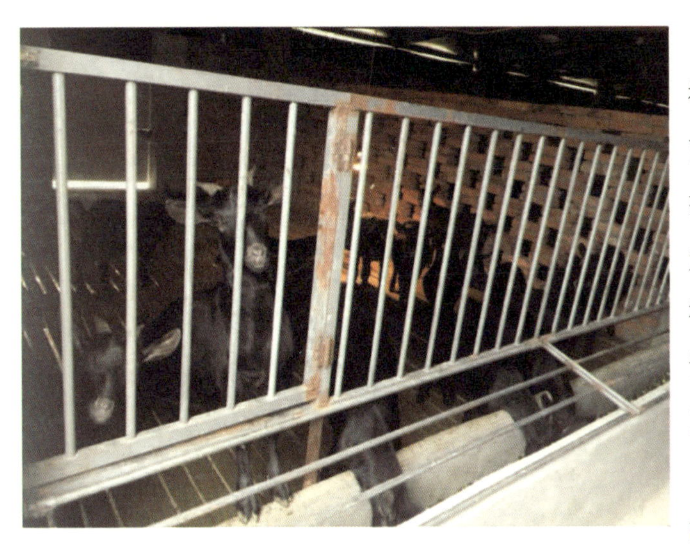

基地建好后，符瑞福在引进优质的坡寨羊苗和聘请专业技术人员指导养羊技术的同时，走访各地了解别的合作社的养羊模式和技巧，让基地的经营逐步走上正轨。

在富文镇政府的扶持和引导下，符瑞福开始主动纳入周边村庄的贫困户。贫困户和村民们通过打工或羊苗入股参与其中，合作社为村民发放每天 100 元的工资和一只羊每年 400 元的分红。

2017 年春节前，合作社顺利卖出一批黑山羊，为入股的贫困户发放了 5 万多元的分红。符瑞福决心继续扩大基地规模，提升黑山羊产量，为大伙带来更多收益。

2017 年 2 月 12 日，他的事迹被《海南日报》以《定安县富文镇创业能人符瑞福成立合作社，带领贫困户种果树、养肥羊，荒废土地上长出“摇钱树”》为标题进行报道，登上了脱贫致富电视夜校，向全省贫困户传经送宝。

主要成效

符瑞福的合作社位于定南路 32 千米处，占地 380 亩，共有成员 126 名，其中 125 名是贫困户。基地内种植三红蜜柚 200 亩、榴莲蜜 100 亩、珍珠红石榴 20 亩，林下套种金钻 17 号菠萝 50 亩。

符瑞福打造的现代化立体果树种植基地和黑山羊养殖基地，通过“合作社 + 贫困户”的脱贫帮扶模式，带领周边村庄的贫困户共同闯出致富路。

经验与启示

一是要善于发现商机。符瑞福在做生意的过程中发现三红蜜柚和榴莲蜜非常畅销，马上学习技术，开始种植，及时抢占了市场。

二是思想境界要高。自己富不算富，在发展自己事业的同时，通过“合作社+贫困户”的脱贫帮扶模式，带动家乡贫困户劳动脱贫致富，这种思想境界值得学习。

胡诗泽

人物名片

胡诗泽，男，1983年9月出生，大学本科学历，海南定安县新竹镇次滩村人。他发起成立了定安新竹次滩观光旅游专业合作社，以自身实际行动带动村民再造魅力新故乡，将次滩村建设成为文明生态村。

村庄基本情况

次滩村自明朝嘉靖年间建村以来，至今已近500年历史。该村坐落于海南省定安县新竹镇龙州河畔。全村共有145户，720人，农业以种水稻为主，每年两造，经济作物有槟榔、橡胶等；畜牧业以养猪、养鸡为主。村子毗邻新竹镇，全村近三分之一人口外出经商，很多人把新家迁移到镇上，村里很多房子常年无人居住，日久天长，无人修缮，只剩下残垣断壁和疯长的杂草。在浩浩荡荡的城市化进程中，原来的次滩村有着许多海南村庄曾经共有的特性：年轻人多选择外出打工或外嫁，村子里不断出现撂荒地。2013年村庄没有进行生态文明村建设前，环境有点差，下雨天的时候路很难走，道路泥泞，道路的坑里面积了很多水，小孩放学回家经常因为路差的原因而摔倒。行走在路上，要是有车经过就会被溅一身的泥水。

创业过程

坚持了16年的信仰

其实，上大学之前，次滩村对于胡诗泽来说，仅仅停留在儿时过年回祖屋烧香而已。

2002年胡诗泽考取燕山大学，成为次滩村第一个考取一本高校的学生。村民坚持你20元、我50元地捐资作为胡诗泽部分学费，大家还凑钱请了一台公仔戏热闹一番。

村民的热情，给胡诗泽前所未有的温暖和震撼。

那个暑假，胡诗泽发现，无论在县城还是乡镇，总能看到沉迷游戏机室的青少年、无所事事打麻将的人们，他突然觉得，自己应该联合身边的准大学生、返乡大学生们，利用每年寒暑假，做一些改变人的思想的事情。

2002 年 8 月 8 日，胡诗泽和 5 名准大学生一起，发起第一次读书活动。

随着胡诗泽志愿服务家乡的领域不断拓展，他身边聚集的青年越来越多。这一点，父母的感受最明显。

“一到寒假暑假，各地经常有志愿者到家里来，孩子哪儿有钱到外面吃？我们就在家里做饭，反正有什么吃什么，孩子们也不嫌弃。”胡诗泽的父亲胡照义说。

胡诗泽回忆，假期家里接待十多人吃饭是常有的事，有时外地志愿者来没地方住，就在家里打地铺。条件虽然艰苦，但大家的心中都跃动着一团火。

志愿服务如果四处出击、全面开花，从人力和财力上都很难支撑，胡诗泽的目光，慢慢定格在次滩村。

70 岁的村民胡瑞琼告诉笔者，由于那时村里没有硬化路，一下雨动物粪便和烂泥就混在一起，穿皮鞋根本下不去脚，有时候过年回家烧香都得备一双雨靴。

参加工作后的胡诗泽，一休假就往家乡跑。他调动一切资源，改造曾经滋养

无数村民的次滩村。

村里孩子缺课外读物，他开始收集各类书籍报刊，成立了首个流动儿童图书室和农民阅览室。当时，胡诗泽一开口，八成是要讲他的故乡次滩村和这个古老村子的建设梦想。他知道，作为返乡大学生，他和伙伴们羽翼未丰，有一堆的点子，但缺乏践行的力量。他必须把这个村子的力量凝聚起来，甚至要打动与村子毫无关联的人也来助力村子建设。

2013 年，胡诗泽和长辈们商议，通过申请政府的“一事一议”财政奖补资金和村民筹资投劳的方式，将次滩村建设成为文明生态村。

整个创建工作，拆除大小破旧房屋和猪舍牛棚 81 间，完成了村里路面硬化，安装了路灯，建成了榕树公园，开辟了排球场和文化戏台……原来村民觉得不可能做到的事情，真的做成了！如今，行走在次滩村整洁宽敞的村路上，放眼望去，和谐、整洁、美丽的新农村如画卷般呈现在眼前，次滩村正朝着村庄环境美、生态条件优、文化引领强、和谐氛围浓的美丽乡村大步迈进。

2014 年，在胡诗泽的争取下，知名海南籍歌手顾莉雅主演的电影《毕业那年2》，将面貌一新的次滩村作为外景拍摄地之一。曾经涣散的人心，重新凝成一股绳；曾经凋敝的村庄，重现生机与活力。最让胡诗泽感动的是乡亲们对他说的那句话：“村里出了你这样一个大学生，值了！你什么时候回到村里，都有一双筷子属于你。”这句话，触动乡愁，激发责任。

2015 年 10 月，上海的“蟹黄包”还是输给了定安的“菜包饭”，胡诗泽辞职回归海南，完成了从“心返”到“身返”的逆城市化之路。

为什么那么多人愿意帮他

一个好汉三个帮。胡诗泽身上，似乎有着某种神奇的“魔力”，一路走来，他聚拢了许多热心人。其中，有立志回报家乡的返乡大学生，也有一大批不分国籍、不论报酬的志愿者。次滩村自然学堂“飞鼠老师”高和然和首批外籍志愿者的加入，生动地诠释了胡诗泽的“魔力”。高和然，本科就读北外芬兰语，赫尔辛基大学语言和文化硕士，德国格赖夫斯瓦尔德大学景观生态和自然保护硕士。

2015 年 11 月前，她对胡诗泽和次滩村一无所知。当时，第六届国际社会生态农业大会在北京举行，会议主题是“生态农业与乡村建设”，胡诗泽受邀作了分享，高和然听了演讲坐不住了。

“他的演讲是所有返乡青年中最最热血的，不仅激情澎湃地介绍了他在次滩村的返乡工作，还现场演唱了《回到故乡》那首歌，我印象非常深刻！”高和然说。

“我们日夜思念的家乡 / 问你是否别来无恙 / 回到故乡，回到故乡 / 那里有我亲爱的爹娘 / 我们还是和从前一样 / 梦想还是依旧的铿锵 / 回到故乡，回到故乡 / 我们要挥洒热血一腔 / 回到故乡 / 让我们一起成长 / 回到故乡 / 让我们自由飞翔 / 迎着太阳 / 燃烧梦想 / 服务家乡 / 让青春飞扬 / 要做就做最好的榜样……”返乡大学生原创主题曲《回到故乡》，是胡诗泽作词、知名音乐人肖山作曲的一首歌。

会后，高和然和胡诗泽交流后发现，胡诗泽不像一般的返乡青年，就是想回乡种植一些有机作物发展经济，安排好自己的家人，而是着眼于振兴整个乡村。后来在海南过冬时，高和然和丈夫到次滩村实地考察后，成为胡诗泽策划的“自然学堂”的第一批导师。

自此，高和然不仅亲力亲为上课，还成为次滩村实践模式的强力推介者，她把自己的故事告诉了美国同学卡珊德拉·侯顿和印度同学巴拉昌德拉·海格戴……2017 年冬，卡珊德拉·侯顿、巴拉昌德拉·海格戴和高和然一起来到次滩村，给孩子们提供了异常生动的“自然学堂”课程。

村中长辈胡绍洲无偿将村中妻子家的一幢楼房作为次滩村“自然学堂”临时接待处，多次负担一些志愿者往返海南的机票，多次为建设次滩村捐资出力。

2017 年年初，尽管次滩村的音响只限于能发出声音，但知名歌手顾莉雅还是参加了 2017 年次滩村“春晚”。得知笔者正在采访胡诗泽，2018 年 1 月 5 日，因住院刚刚恢复下地行走的顾莉雅，坚持录来了祝福胡诗泽和次滩村的视频。

知名歌手陈楚生、知名演员吉飞龙不止一次为次滩村发展捐助。

北京“快乐小陶子”，厦门海沧院前社陈俊雄，共享农场联盟刘玄奇，海南大学热带农学院院长袁潜华，海南创业导师向银林，省林科所林下经济专家陈喜蓉，从万宁主动过来帮忙的胡秀亮，从湖南过来帮忙的廖熙田，投身次滩共享农庄建设的胡波、黄友钦……

如果一定要拉出一个热心人的名单，这个名单铺展开来，一定可以穷尽次滩村的村道。

让花开在每个人的心田

穿越村庄蜿蜒流淌的龙洲河、树龄达数百年的榕树林、古老的胡氏宗祠、清幽的竹林，给了胡诗泽无穷的想象力和创造力。

“乡村最美的风景是人，是参与进来共建、共享、共同成长的一群人，基于人建设的乡村振兴，才会更加有人情味和有温度，才能真正可持续地发展。”胡诗泽说。

在胡诗泽和次滩村的实践中，我们可以清晰地发现一条“以人为中心”的建设路径。

胡诗泽策划的“小乡村大讲坛”，通过邀请相关领域的研究者、实践者和返乡青年代表作主题讨论和专题分享，提升乡村治理水平、推动镇域经济社会文化协调发展，至今已经进行到第 30 讲。

他发起策划的“次滩村自然学堂”项目，引流城市亲子家庭进村体验农耕文化和亲子课堂，以生态可持续的规划设计理念，创造丰产功能，又兼备舒适与艺术性的大自然课堂，可学可玩可游。2017 年 8 月，在海南省青年农村电子商务大赛总决赛中获创意组一等奖。

“大城市的孩子普遍学业都很重，缺乏一个在自然中成长的条件。他们不知道平时吃的水果蔬菜是哪里长出来的，害怕昆虫害怕打雷，这就容易带来身心两方面的问题，包括焦虑症、注意力不集中，包括失眠、健忘。很多亚健康的状况会在越来越年幼的儿童身上出现，这是一个非常让人担心的事情。”在高和然看来，“自然学堂”就是要解决这个问题。

胡诗泽先后策划了2016年、2017年和2018年次滩村“春晚”，引导村民们过年除了喝酒打牌，还能够走上舞台秀一秀自己的才艺，让乡村孩子们不再胆怯。

他推动村庄续谱文化的挖掘以及传统习俗“平安斋”的顺利举办。2017年11月，他策划了外嫁女回村共建家乡活动，280多位外嫁女齐聚次滩村，最高龄的已经70多岁，大家为家乡发展捐资超过6.7万元，许多人流下了热泪。

他建立了“我们爱次滩村”微信群和“YY语音会议”两个通信、讨论平台，全村各界人士都能在平台上发表建设意见和规划想法，全民参与，出谋划策，共建生态文明家园，再造魅力新故乡，该模式后来被多家媒体争相报道，被总结为“次滩模式”。

从上海辞职返乡后，胡诗泽发起成立了定安新竹次滩观光旅游专业合作社，希望以自然农业、农耕体验、“自然学堂”等项目和载体，去引流更多的城市家庭跟乡村结对子，拉动城乡互动，希望返乡青年带动村民再造魅力新故乡，让村民有尊严地留在乡村。

“可以吃的乡村（原生态无公害农产品）、可以玩的乡村（农耕体验）、可以学的乡村（自然学堂），可以回归的故乡（共同缔造）。”这是“胡诗泽们”的愿景。

灵芝鸡、定安黑猪、新竹四季鹅、海南橘红、定安粽子、菜包饭、生态鱼塘、都市菜地、花开到田共享农庄、返乡大学生共享基地……特色资源不断被挖掘，新项目不断建设，2018年的次滩村注定将迎来全新变脸。

主要成效

“我觉得胡诗泽为乡村带回了一股新的活力，这些在大都市里奋斗过的年轻人，他们有新的理念、新的发展思路。很多跟新时代挂钩的新理念，把整个次滩村的人都带活跃起来了，对未来发展充满了憧憬。乡村振兴战略有人才需求，作为乡镇一级不是很发达的地区，我们很需要这样的人才。”定安县新竹镇委书记陈小燕说。胡诗泽的实践，也引发定安县委、县政府的高度重视，县委书记陈军先后两次到次滩村调研，县、镇政府也给予了一定扶持。十几年来，胡诗泽以他超乎常人的执着和全身心投入的创造力，一点一滴地改写村庄面貌，将次滩村变成了“网红村”。如今，越来越多的海南学子，哼唱着《回到故乡》的旋律，行走在再造家乡新农村的路上，他们，是海南乡村振兴战略的热血实践者。

经验与启示

在抓好乡村振兴方面，加大党建引领的力度，扩大乡情宣传的影响力，推进青年就近服务家乡的发展理念，吸引在外打工青年返乡创业，在政策上给予一定的支持。

张天翼

人物名片

张天翼，定安黄阿姨食品有限公司总经理、海口网创网络科技有限公司总经理。这位来自定安县偏远山区母瑞山的34岁的年轻小伙，毕业于海南职业技术学院，进修同济大学，在上海一路打拼一路攀升，曾操刀过大大小小的网络营销项目上百个，曾经服务过红星美凯龙福建、浙江分区，上海好饰家，英孚教育集团，5173游戏平台，远成集团，御府和田玉，三亚帝佳水晶以及1933老杨坊等项目，而当时事业处于巅峰的他，却放弃高薪工作返乡创业，经过探索，经历过“失败是成功之母”的数次磨炼与成长，以粽子产业为起点，撑起定安农村电商的半边天。

村庄基本情况

中瑞农场位于海南省定安县南部琼崖纵队革命根据地母瑞山一带，是以经营橡胶为主的国有中型一类企业，现有土地总面积 15.7 万亩，已利用 9.19 万亩。总人口 1.2 万人，在职职工 2 010 人。农场下设母瑞、南斗、宝峰、合山、水坡、南岭 6 个作业区，36 个生产队（内橡胶队 34 个，水稻队 2 个），以及直属单位 4 个。利用山区的自然优势，大力种植槟榔，形成产业规模，积极引进槟榔深加工，打造母瑞山槟榔品牌，促进槟榔产业的发展。扶持职工发展养牛的同时，引导职工发展饲养良种黑山羊、猪和三鸟等，形成专业化和规模化。

创业过程

脱贫攻坚工作进入关键期，党中央明确提出大力培养农村电商人才，并给予了响应的鼓励政策，而发挥农村电商的市场机制作用，是转变农业发展方式的重要手段，是精准扶贫的重要载体，是大众创业、万众创新政策的积极响应，可以实现实体经济与互联网的叠加效应。发展农村电商，有利于带动农村经济发展、提高农民就业率、拓宽就业选择，给想要返回家乡的年轻人更大的创业平台、更低的创业门槛、更牢固的创业保障。而张天翼正是一个善于利用电子商务平台创造财富的返乡青年创业者。

回乡创业：用电商平台卖定安粽子

说起公司的创建初衷，张天翼笑着说道："品牌中的'黄阿姨'其实就是我妈妈，有一天我吃着她包的鲜香软糯的粽子，就突然想何不利用自己擅长的电子商务专业技术，把自家做的粽子放到网上卖，销往全国呢？这样一来，一方面能更好地把控产品的质量，另一方面也能解决一部分家乡人就业难题，带动附近猪肉、鸭蛋、大米等行业的发展。"

自从有了想法之后，张天翼立马着手干了起来。2014 年他返回家乡母瑞山创立“黄阿姨”粽子品牌，并从周边村子雇来了农场下岗职工开始赶工包粽子。

由于张天翼有过做电商销售的丰富经验，所以对创业的各个流程驾轻就熟。他从粽子的原料选择、口味调配到包装设计，层层把控产品的每个环节，并将选购粽叶、清洗粽叶、腌制咸鸭蛋、配味原料、包粽子的整个流程拍下来上传至微商圈广而告之。凭借着定安粽子的名气和张天翼多年积累下来的人脉关系，越来越多的朋友开始围观，并抱着尝尝看的心态下了单。

2014 年，“黄阿姨”粽子小试牛刀便斩获佳绩，售出粽子 4 000 余个，收获了电商销售的第一桶金。

“黄阿姨”粽子第一次“触电”取得的良好成绩使张天翼嗅到了电商销售粽子的商机，2015 年他开始筹资扩大粽子生产规模，建起了每天可生产 12 000 个粽子的规范化生产基地。“黄阿姨”粽子搭上电商这辆快车快速发展的同时，也间接带动着中瑞农场周边 100 余名劳动者就业，促进了村子附近猪肉、鸭蛋、大米的销售。

电商销售：用心在细节上把好关

“在数据和‘互联网 +’的潮流席卷下，电商销售已经是未来的发展趋势。首先客户们直接在网上下单，我们就把货物送货上门，这种购买方式越来越受到青睐。同时利用电商销售获取流量的成本非常低，比如我的朋友圈现在有 9 000 人，我发布一条卖粽子的消息，就有 9 000 人看到，不用花费一分钱广告费，宣传成本特别低，效果却非常好。”张天翼说道。

近年来，“黄阿姨”粽子也用一个个跳跃的数字见证了电商销售粽子的发展速度：2014 年，黄阿姨粽子销售 4 000 余个；2015 年，销售 5 万余

个；2016 年，销售 26 万余个……

“在电商平台上卖东西，想要脱颖而出，细致周到的服务就尤为重要，有时候确实是你比别人多做的那一点点使产品受欢迎。从服务到产品体验，要用心地站在客户角度虑到细节的一部分，维护好每一个客户的需求。比如我们在卖粽子时会同时赠送湿巾、茶叶等小礼物，让客户看到了我们的细心和用心，复购率自然也就上来了。”

张天翼说，取得这样优异的成绩，除了产品本身的特色以及优良的品质外，产品服务的精细化上也要下足功夫。

成功创业：带动更多年轻人加入电商销售

“我们公司取得的成绩离不开县委、县政府的帮扶，一方面为我们提供 60 万元的贴息担保，降低公司运营成本；另一方面通过开展电商产销对接会，解决了产品供应和销路两方面问题；同时积极引导我们参加全省电商大赛，帮助我们取得全省企业组第三名的好成绩。现在我们也想为全县电商的发展贡献自己的一份力量。”在初尝了电商发展带来的甜头后，张天翼想得更多的反而是如何带动更多的年轻人走上电商销售路。

2016 年 9 月，张天翼在 2016 年海南创业大赛中，担任青年创业导师，指导青年创业者掌握电商销售技巧。2017 年初在农村淘宝“村小二”培训会中担任讲师，通过分享自身创业经历和经验，让学员们了解运用微商、微信、淘宝等新电商平台销售技巧，并指导学员们在实战操作中销售产品，提升学员电商销售的实践水平……

对于未来，张天翼有更多展望，希望在带动更多的年轻人加入电商的行列中来的同时，将更多的定安名优特农副产品搬上电商平台售往全国各地，让更多的人尝到定安味道，他积极调处，精心筹备，成立了中瑞青年创业协会，促进更多的中瑞子弟沟通交流，在思想的碰撞过程中共创未来。

据了解，近年来，定安县委、县政府也高度重视电商经济的发展，采取政府搭台、团委对接、电商参与的模式推动电商经济发展。

“粽子”试金石促进一、二、三产业融合

“在粽子销路逐渐稳定后，一张‘粽子 +’的产业蓝图在我心中逐渐显现。”“黄阿姨”负责人张天翼想到，可以利用现有的“黄阿姨”粽子品牌，促进一、二、三产业融合，带动周边村民共同发展。

近两年，张天翼免费为周边的贫困户提供猪苗、饲料以及技术指导，等猪苗长大后进行回购，让贫困户安心养殖而无后顾之忧，加快走向脱贫致富的步伐，使贫困户们有了长远发展的产业。同时，他配合团县委为临近的龙河镇水竹村提出了电商扶贫、产业扶贫、公益扶贫多维度相结合的创新帮扶；利用粽子农庄丰富的自然资源，提供钓鱼、采摘果蔬、品尝农家菜等休闲服务。

作为一个有社会公德有责任担当有远大理想的创业青年，张天翼一步一个脚印，用实际行动去践行远大理想，积极参与扶贫攻坚事业，辐射和带动广大青年为美好新定安、海南环境友好型经济特区、国际旅游消费中心、自由贸易试验区和中国特色自由贸易港奉献智慧和力量。

主要成效

张天翼于 2014 年创办定安黄阿姨食品有限公司，这个占地仅 1 亩多的“黄阿姨”粽子生产基地，从 2014 年开始，通过互联网电子商务方式(微信商城、淘宝网)进行销售，单单 2016 年就借助电商平台取得了销售 26 万余个粽子的好成绩，总计销售额累积 200 多万元。

张天翼除了销售粽子外，还销售定安本地其他农副产品：新竹芋头、稻谷鸭、玉米鸡、鸡蛋、富硒大米、花生油、土蜂蜜、米酒等。正是他的敢闯敢拼，带动了附近贫困群众 20 多人长期就业，150 人短期就业，他坚持优先购买贫困户的产品，没农产品的贫困户就优先聘用，做到精准扶贫。

经验与启示

作为返乡大学生创业典型，张天翼给人留下的最深刻的印象是头脑灵活，善于运用电子商务手段营销本地农副产品。张天翼之所以能够高效地运用电子设备手段，与他在上海等地从事网络营销的丰富经历有极大的关系。返乡大学生创业具备的最大优势就是在外工作所积累的能力、技术、人脉等方面的资源。返乡大学生创业应该从自身的优势出发，发掘市场空白，创新营销手段，为家乡经济发展做出自己的贡献。

·屯昌县·

陈 君

人物名片

陈君，海南省屯昌县乌坡镇鸭塘村委会六社人。2008年毕业于江西农业大学动物营养与饲料科工专业，屯昌绿屯利蛋鸡养殖专业合作社社长。曾获评海南乡村创富好青年、国家青年致富带头人、海南省二十一届五四青年奖章、三八红旗手。基地被评为海南省“基层科普行动计划”先进农村科普示范基地。

村庄基本情况

乌坡镇地理位置优越，位于琼海、琼中和屯昌三县交界，地属琼北平原和中部山区融合的丘陵地带，气候适宜，属于热带季风气候。鸭塘村委会是乌坡镇下辖村委会之一，辖区共 10 792 亩，其中耕地面积 10 392 亩（水田 957 亩、坡地 498 亩、林地 8 937 亩），有 8 个自然村，总人口 326 户 1 625 人，劳动力 764 人，外出务工 334 人，其中贫困户 28 户 128 人，已脱贫 28 户 128 人。该村主要经济收入来源为种植水稻、槟榔、橡胶等和养殖香鸡、黑猪、牛、羊等。

创业过程

创业实现梦想

自 2008 年大学毕业后，陈君一直在福建从事畜牧相关工作，随着国家出台政策倡导大学生返乡创业，各地出现了大学生返乡创业的热潮。而从小就喜欢饲养小动物的陈君，梦想一天她饲养的产品可以进入市场服务千家万户，这也是她当初义无反顾选择了农业大学畜牧相关专业，从事畜牧养殖行业的原因。屯昌县以槟榔、橡胶的种植为主，这种遵循自然因地制宜的经济模式非常适合海南中部地区，但同时也存在结构单一、抗风险能力不强等不足之处，如果能种养结合，彼此扶持，不仅可以解决经济模式单一的问题，同时使土地的利用率和经济效益大幅提升，做到农民增收、经济多样、环境和谐。在 2011 年，当时陈君在网络上看到一篇报道，说海南鸡蛋奇缺，市场上销售的鸡蛋近 80%都是从省外调运到海南，而且售价也是全国最高。了解到海南蛋鸡养殖远不能满足市场需求，很多人购买新鲜鸡蛋成为难题的时候，更坚定了她回乡创办蛋鸡养殖场的决心。

前期做好市场调研

在有了要回乡兴办养殖场的想法后，陈君和其先生廖文兵开始着手进行海南的蛋鸡养殖市场调查和寻找养殖场地。2012 年春节，他们回屯昌过年，发现乌坡

镇有温泉，可以发展温泉鸡蛋，这是其他地方没有的，也具有乌坡特色，同时在2012年3月第四次回家乡进行市场调查时，正好遇上屯昌举行农博会，让他们真切地了解到了屯昌的市场。在屯昌还没有一家专门进行蛋鸡养殖的养殖场，但是屯昌阉鸡却做得非常出色，更有专门的公司给当地的农民提供免费的鸡苗。从这里他们看到政府对当地养殖业非常重视，也投入大量人力物力来发展畜牧业和打造地方畜牧品牌。他们希望能以市场为导向，以政策为指导，把蛋鸡养殖做成屯昌的又一个品牌，成为屯昌的一个规模宏大的产业。

创业项目落地

创业之路是艰辛曲折的，但同时也在践行中收获成长和欣喜。已确定在乌坡镇进行养殖，就要找到合适的地址，为了找到合适的养殖基地，当时陈君与其先生廖文兵在福建与海南往返飞了好几趟，耗时几个月才在家人帮助下通过乌坡镇政府找到目前的养殖场所。建设伊始，因为资金紧缺，很多工作能自己做的他们都自己做，最后，他们的鸡蛋得到了市场的认可，色泽鲜艳、味道鲜美、品质新鲜的“三鲜”特点是广大消费者对他们产品的评价。为了做大产业，陈君为自己的产品注册“乌坡温泉蛋”商标，继续扩大养鸡规模，并成立蛋鸡养殖专业合作社，带领村民们一起养鸡致富。

实现创业目标

陈君与其丈夫廖文兵计划从三方面去实现创业的目标。一是扩大养殖规模，形成规模化、现代化的，具有行业影响力的蛋鸡养殖公司，带动更多人参加蛋鸡养殖，让农民增收致富。二是兴办有机肥厂，实现鸡粪的无害环保处理，提高鸡粪的经济效益；同时增加有机肥的应用，使农业向绿色环保无公害的方向发展。三是兴办一个种植基地，完成种养结合、立体发展的循环农业发展模式；拓展新的结合、发展方式，形成多样化、抗风险能力强的农业形态，完成一种可持续、绿色环保、经济效益良好的现代农业发展模式。

主要成效

一是引领农村青年积极就业创业。在陈君夫妇就业创业过程中，在政策把握、金融知识、协调能力等多方面得到学习锻炼，为当地农民进行蛋鸡及家禽养殖培训，共举办培训班 6 期，培训 960 人次。在他们的成功青年创业的典型带动下，一些大学生勇于回乡创业，积极带动村民共同致富。

二是推动了当地农业的高效化发展，为新农村建设注入活力。通过青年创业的引导，加快了青年创业整体步伐，也在无形中加速当地农业经济的现代高效发展的进程，特别是农村青年科技员、大学生村官的加入，让农村创业的青年力量又加上科技支撑，加快地区现代高效特色农业的健康发展。

经验与启示

要加大宣传力度。通过各种媒体加大对大学生到农村创业活动的宣传，宣传创业大学生的新典型、新做法，让大学毕业生回乡就业、创业光荣意识深深扎根于每个农民心田，让欢迎大学毕业生回乡就业、创业成为新农村的一种新风尚，最大限度地消除回乡就业、创业大学毕业生的心理负担。

要搭建就业、创业平台。其根本出路在于创新现有农业生产经营体制。政府应在统筹兼顾的原则下，采用多种方法对已承包出去的各种自然资源如规模化的土地或规模化的水域等进行合法地流转、集中，从而更好地为大学毕业生提供良好的就业、创业平台。

要制定优惠政策。通过设立大学生回乡创业奖，创建大学生回乡创业园区，采取创业补贴、创业困难资助、小额担保贷款等措施，帮助有自主创业志向的大学生协调解决土地、资金、技术等困难。机关部门与大学生结成“共学共践”对子，帮助他们创办和领办经济实体。农技专业人员组成科技顾问团，为大学生提供相应的技术服务，当好大学生创业的“娘家人”。

要解决融资问题。目前，缺乏启动资金是大学生创业的最大障碍。除各级政府投入大学生创业的资金不足外，金融机构缺少对大学生创业的风险评估机制、大学生缺乏财产抵押担保、融资十分困难等也是十分重要的因素。为此，政府应加大投入，设立返乡大学生创业专项基金，并逐步完善大学生自主创业的资助机制等。

·陵水县·

卓振杰

人物名片

卓振杰，海南省陵水县隆广镇红旗村人，是红旗村出了名的“羊司令”，依靠自己的努力，拥有200多平方米的圈养式羊舍，年均收入达10万余元，充分带动周边农户增收致富。

村庄基本情况

红旗村位于隆广镇东北边，距县城 17 千米，该行政村由 3 个自然村、4 个经济社组成，共有 304 户，1 013 人。土地面积约 137 664.4 亩，其中耕地面积 3 597 亩，基本农田面积 1 308 亩，坡地面积 1 393 亩，林地面积 5 634 亩，主要农作物有水稻，经济作物以槟榔、芒果、椰子和橡胶为主。

创业过程

艰辛创业致富路

2014 年 5 月 12 日，卓振杰早早起床，来不及吃早餐就骑着摩托车赶赴县城，因为他琢磨了大半年的致富计划第一步——买种羊就要实现了。揣着存有 10 万余元的银行卡，卓振杰心情很紧张，这些钱是他东拼西凑好不容易积攒起来的，临行前，家人千叮咛万嘱咐，要保管好。卓振杰知道买羊这件事，家人是全力反对的，但最终还是支持了他的决定，所以在去文昌市种羊基地的班车上，总是坐立不安。卓振杰说当时他差一点就坐返程班车回来了，幸好，是从小那股子倔劲让他一下车就直奔基地去买种羊了。

羊买回来了，咋养？这成了摆在卓振杰面前巨大的难题。虽说在养殖方面，他多少还有点三脚猫的功夫，但面对 110 只种羊，他却犯了难。他奔赴镇上，向养殖经验较丰富的农户咨询，从书店买来 10 多本关于养殖的书点灯苦读，由于文化水平偏低，书中的内容他也是一知半解。他意识到“纸上得来终觉浅”，还需要自己亲自实践。

俗话说，万事开头难。买羊简单，养羊难。创业的第一年，由于养殖经验和知识的欠缺，种羊在繁殖过程中得了疫病，买回来的种羊就剩 40 多只了，亏了 7 万多元。咋办？是继续养下去，还是把剩下的羊卖了？卓振杰心里也没底。妻子嘴上虽埋怨，心里却心疼他也了解他，说他要做的事，是会做到底的，于是不顾父母的阻拦，和丈夫一起养起了羊。

时间过得很快，2015 年末的钟声即将敲响之际，卓振杰一大早起床洗脸，等着从外地赶过来的收购商，因为这一天，他养殖的 100 多只羊要出栏了。这一年，他赚了整整 10 万元。他说，是耐心和技术成就了他这 10 万元。摸出了养羊门道的他，2016—2017 年持续扩大养殖规模，不光带动本村农户卓清强扩大养殖规模，还帮助指导邻村卓明华、黄亚开等 7 户养殖户养羊技术，各家规模达到了 60 多只，收入年年增加。2018 年，卓振杰养殖的羊已经达到了 240 多只，200 多平方米的羊舍已经基本完工，年底投入使用，之前的散养式管理也转变为集中式圈养管理，更有效，更科学。

“我是网格员，我骄傲”

“其实这并不是我最初想要从事的工作。”毕业初，卓振杰像那时候的许多年轻人一样，认为村里网格员的工作是“大妈”的专属。于是违背家人想让他从事村级网格员工作的意愿，独自一人摸索自己的种养事业，对村里的大小事情也漠不关心。

卓振杰的母亲在村里是名副其实的热心肠，村子里孩子出生买医保，年轻人的就业登记，老年人的老年证，五保户的走访，等等，她都热心参与，年幼的卓振杰不明白那时妈妈总在忙些什么，只记得她很少有时间陪自己。“网格员工作多好，能为村子做点力所能及的事是多好的事!”电话中，妈妈不停地劝卓振杰放弃种养的念头，老老实实应聘村级网格员。“当时也没那么固执，（被劝后）觉得其实这工作也挺好的，离家近，又没那么大

压力。”经过一系列思想斗争，他最终同意了，但是不想放弃心心念念的养殖事业。

村民、镇政府、职能部门，方方面面都需要协调，采集信息时吃闭门羹、调解矛盾时不被信任，这些都成了他的家常便饭。

“耐心一点，把别人的事当成自己的，做好了，自己也开心。”母亲用自己的经验一点点引导着卓振杰。面对困难，卓振杰和同事想了许多办法。遇到上门采集信息时户主不开门的情况，他们就在走访时，与外出的户主拉家常、联系户主的亲戚朋友、在村民门上贴告示；调解矛盾不被信任时，也不再满怀愤懑地批判，而是平复心情，请来专业人士，做出令人信服的裁定。

在家人的支持、鼓励和自己努力下，卓振杰一点点地适应了村级网格员的工作，开始变成“里手”。干着干着，他已经是 4 年的“老网格”了，对村子里的事情了如指掌，同时，利用工作之余发展自己的养羊产业，通过自己的努力，充分带动农户一起创业致富。“我是网格员，我骄傲。”卓振杰这样说。

主要成效

农村青年带头发展养殖产业，起示范带头作用

在党的脱贫致富政策的鼓舞下，卓振杰带头养殖黑山羊，学习先进养殖技术，向本地养殖经验丰富的农户请教，到外地养殖大户基地参观学习。经过不懈努力，他的黑山羊圈养式管理模式终于取得了成功：黑山羊品质优，销路广，价格公道。起到了良好的示范带头作用。

创新思路，实现农业“互联网 +”

卓振杰也意识到，光靠单纯地散养、粗放式管理很难发家致富，要当上致富的“领头羊”，就要实现农业“互联网 +”。他联合其他养殖专业户，在网络上推广黑山羊养殖，建立宣传微信号，专门邀请相关养殖技术专家入群进行技术指导。卓振杰正计划成立专门合作社，进行运营管理，这些举措，实现了农业“互联网 +”。

既要当好“羊司令”更要当好“服务员”

卓振杰不仅是黑山羊养殖的示范户，还是村里的“老网格”。从事村级网格

员的过程中，他知道全村经济发展仅仅依靠一个人的力量是不够的，必须依靠村民们的理解和支持，充分带动群众，走规模发展之路。

卓振杰在每天的走访中，挨家挨户了解各户的发展情况，把养殖技术送到家。在他的带动下，红旗村黑山羊养殖产业渐渐发展起来。

经验与启示

成为发展壮大村级集体经济的“动力”

农村青年通过外引内联、牵线搭桥以及带头发展产业、利用“互联网 +”创办合作社推广产业等方式，在村集体经济发展中发挥了重要作用。卓振杰利用自己所学的黑山羊养殖技术，在增加自身收入的同时，还积极带动周边农户创业致富，引导村民发展产业，有效解决剩余劳动力，实现了互利双赢。发展产业成为红旗村致富的重要举措。

成为带领群众致富的“孵化器”

农村青年在技术上传带、资金上支持、市场上引路，带领农民闯市场、办实业，主动为农民在生产经营中寻找致富途径、传递市场信息、沟通流通渠道，使群众富了脑袋、鼓了钱袋。

成为促进社会和谐的“新纽带”

农村青年致富带头人牢记党的宗旨，善于运用法律手段调解纠纷、化解矛盾，切实维护了农村社会和谐稳定。对党和国家的新政策有独特的敏感性，能够准确把握村里发展的脉搏。让当地群众看到公平和发展的希望，能消除村里的派性，一心一意谋发展，获得群众的认同。对于村庄落后根源有把握，在村庄公共事务的管理过程中，能逐步形成积极进取、长远发展的观念，能加快后进村班子的整顿步伐，树立党和政府在群众中的良好形象，巩固党在农村的执政基础。

昌江县

符心眉

人物名片

符心眉，女，黎族，1972年出生，共产党员，海南省昌江县石碌镇鸡实村致富带头人。自1999年3月至2016年6月，符心眉一直担任鸡实村妇女专干，专注于水头村扶贫合作社从事特种山猪养殖业。

村庄基本情况

鸡实村是昌江县石碌镇下辖的黎族聚居村，位于镇政府东南方向 11 千米处，2013 年成立村委会，全村共有 110 户，452 人，其中劳动力 313 人，党员 38 人，建档立卡贫困户 24 户 118 人，其中：2016 年 12 月脱贫 14 户 71 人；2017 年 12 月脱贫 7 户 34 人，未脱贫 3 户 12 人。低保户 21 户，享受最低生活保障人口 65 人，其中建档立卡贫困户 6 户 28 人，五保户 2 户 3 人。全村土地面积 7 800 亩，其中林、果地面积约 4 000 亩，水旱田面积约 200 亩，村集体出租地 2 300 亩。2017 年全村主要经济作物有橡胶 1 980 多亩、芭蕉 500 多亩、芒果 1 220 多亩，种植水稻田 110 亩；养殖本地香猪 106 头、黄牛 70 头、水牛 150 头、黑山羊 120 只、本地土鸡 3 000 多只。

创业过程

一直扎根在农村的符心眉，深刻体会到村民挣钱的不易，她也一直在寻求机会带领村民走上致富之路。在昌江县政府积极推进农村产业结构转型，大力引进种桑养蚕、霸王山鸡、特种山猪等高效农业项目背景下，符心眉经过反复考虑，决定带领村民成立合作社，在水头村尝试养殖特种山猪。在昌江县委、县政府和石碌镇委、镇政府的大力支持下，经过近 3 年的苦心经营和打拼，终于成功探索出了一条“龙头企业 + 合作社 + 贫困户”的脱贫致富模式。

2013 年以前，橡胶、甘蔗等传统种植业是水头村民主要的收入来源，经济附加值低，人力劳动投入大，加上近几年来的胶价和甘蔗价持续低迷，老百姓的收入迟迟不见涨，日子也愈发过得捉襟见肘。为了改变这种现状，切实增加村民的收入，提高村民的生活质量，符心眉做出大胆尝试，决定通过自主创业的形式使自己富裕起来并带动周围的父老乡亲们一起致富。

2014年8月，符心眉开始和5户村民合伙饲养63头母猪。但母猪的养殖并不容易，采猪食、扫猪圈、担猪粪，天天护理，每一项工作都让符心眉和合作伙伴们付出了大量的心血，种猪养殖出来后效益也不高，因此符心眉还在不断寻找更合适的致富之路。

2015年，山猪养殖业开始在昌江兴起，石碌镇党委、镇政府和县畜牧局也加大了对产业扶贫政策的宣传，这极大地激发了村民想致富的思想，符心眉也开始慎重考虑在水头村进行山猪养殖的可行性。经过调研和仔细分析，山猪主要的饲料为青饲料，水头村村民卖剩的瓜菜正好适合养殖山猪，并且政府也为产业扶贫提供了许多有利的政策，于是她就认准了山猪养殖这条致富路，有了将种猪养殖转为山猪养殖的想法。在石碌镇委、镇政府以及县畜牧局等部门的支持下，符心眉与昌江玉绿宝公司进行了联系，专门成立了水头诚亿山猪合作社，而且还吸纳了15户村民加入养殖，这其中还包含水头村建档立卡的9户贫困户。为了不辜负政府期望和村民的信任，符心眉积极向玉绿宝公司安排的技术员学习山猪养殖知识和技术，并在技术员的指导下，带领15户社员全身心投入山猪养殖这一较新的产业中。

养殖山猪之初，困难重重。符心眉和社员们不停地跑资金、要政策、讨扶持，通过政府的大力扶持和符心眉的不懈努力，合作社打了水井、修了道路、砌了围墙，同时还租用了水头新村18亩土地建起了标准化养殖基地，其中建设猪舍2栋18间共计610平方米，基本解决了合作社配套设施落后的问题。2015年9月23日，水头诚亿山猪合作社从昌江玉绿宝公司引入第一批共计100头特种山猪种苗进行投放养殖。

经过8个月的养殖，2016年6月第一批100头山猪顺利出栏，由玉绿宝公司按每头生猪1 000元的价格回购，共计10万元。扣除养殖成本后，合作社的收益达到6万多元，16户社员平均收益4 000余元。尝到甜头后，符心眉认为要真正脱贫致富，就必须得扩大现有的养殖规模，要将山猪养殖规模化、规范化，进一步发挥水头村养殖山猪的优势。于是符心眉与社员们商量后将第一批山猪出栏后的10万元收入作为押金向玉绿宝公司引入了第二批200头山猪。在这之后4个月内，合作社的第二批200头山猪也全部出栏，符心眉再次将山猪出栏后的收入一部分用于扩大猪舍，一部分作为押金向玉绿宝公司引入下一批特种山猪苗，目前水头诚亿山猪合作社共有猪舍3栋48间，山猪存栏量达到700头，也使山猪养殖成为村民脱贫致富的支柱产业。

在水头诚亿山猪合作社获得的成功没有让符心眉忘记生活了几十年的鸡实村，反而让她更坚定了在鸡实村发展产业、带动鸡实村村民致富的想法。目前，符心眉正在计划着把山猪养殖项目带到鸡实村，同时还计划在鸡实村发展山羊养殖产业。在鸡实村养殖山羊不但能够节省草料的投入，而且以每年生产2胎、每胎2—4只计，羊羔放养6—8个月即可上市，收益大，风险小，技术含量低，十分适合作为产业在鸡实村推行。

近期，县委书记黄金城了解符心眉的创业经历后，特别为符心眉安排了新的创业计划——与新希望集团合作饲养猪崽。新希望集团为符心眉提供猪苗，符心眉负责养殖，猪崽卖出后其获得部分分红。目前该项目已在畜牧局党组会讨论通过。新希望集团计划年底为符心眉养殖场配上机器，完善生产设备，并在银行做担保人，使符心眉顺利借出25万元创业资金。得到县委、县政府的支持和鼓励，符心眉的信心和干劲十足，决心要把养猪项目做好，带领村民共同致富，不辜负县委和政府的关心和帮助。

主要成效

符心眉带领几个村民成立合作社在水头村尝试养殖特种山猪，通过昌江县委、县政府和石碌镇委、镇政府的大力支持，经过近 3 年的苦心经营和打拼，成功探索出了一条“龙头企业 + 合作社 + 贫困户”的脱贫致富模式。合作社建起了标准化养殖基地，其中建设猪舍 2 栋 18 间共计 610 平方米，基本解决了合作社配套设施落后的问题。2016 年合作社的收益达到 6 万多元，16 户社员平均收益 4 000 余元。在此基础上，合作社扩大现有的养殖规模，将山猪养殖规模化、规范化，进一步发挥水头村养殖山猪的优势。目前水头诚亿山猪合作社共有猪舍 3 栋 48 间，山猪存栏量达到 700 头，也使山猪养殖成为村民脱贫致富的支柱产业。

经验与启示

符心眉是来自海南昌江农村基层的一位普通的黎族妇女，朴实、勤劳，没有高学历，没有在外打工的经验。但是她却拥有自己坚定的信念：自己挣钱不是最终目的，通过自己的能力和经验，带动群众致富才是真正目的。在此信念指导下，她紧跟政府产业政策，在政府政策、资金等方面支持下，不仅自己开展养殖山猪创业活动，还探索出了一条“龙头企业 + 合作社 + 贫困户”的脱贫致富模式。贫穷不可怕，哪怕暂时一无所有，只要自己努力，找对方向，也可以创业成功，造福乡里。

卢桂忠

人物名片

卢桂忠，男，黎族，1984年10月出生，共产党员，大专学历，是昌江县十月田镇才地村一名年轻有活力的优秀青年。卢桂忠积极发展产业带动群众一起创业致富，开办才地村首家电商服务站，成为才地村农村青年创业典型。

村庄基本情况

才地村委会是一个黎族村庄，位于石南公路旁，距离十月田镇镇政府 9 千米，由才地村、波兰沟、军营村 3 个自然村组成，全村 256 户，1 370 人，党员 42 人。2013 年获评海南先进文明村。2014 年争取县委投入 50 万元完成基层组织规范化建设，在当年十星评比中获七星。

全村耕地面积 27 916.7 亩，其中水旱田面积 1 076 亩。3 个自然村均已创建文明生态村，村内道路整洁，交通便利，环境优美，土地肥沃，水源充足，农业基础设施相对完善，高效农业相对发展较好，主要经济作物是甘蔗、香蕉、橡胶、西瓜、辣椒等，2013 年引进辣木种植 130 亩。

创业过程

做好表率，带动村民产业发展

卢桂忠时刻谨记自己党员的身份，充分发挥自身能力做好示范，积极发展和带动群众创业，因地制宜地引导群众积极调整产业结构。才地村是全镇土地最多的村庄，卢桂忠便利用村内土地多的优势，兼之通过前期对市场的调查研究，认为香蕉比较适合村内种植生产，自 2012 年接触到粉蕉后，便率先个人投资，种下了 13 亩粉蕉，并陆续带动村里的乡亲们开始种植起粉蕉。近几年粉蕉的市场行情不错，已经帮助了许多贫困户脱贫，下一步可以帮助群众做好产业规划，从而实现产业致富。卢桂忠在种植粉蕉的过程中，一是给予其他 4 户人家技术培训指导，让他们少走弯路；二是到十月田镇保平、好清等香蕉种植的大村，学习更加完善的种植技术；三是对困难户免费扶持发放种苗，帮助他们早日脱贫，走上产业致富的道路。用卢桂忠的话说，就是为了让村里的每家每户都发展得更好，自己发现了致富的路子都会带上大家一起去做。

受市场价格和台风天气的影响，粉蕉也不可避免地出现了滞销现象，因此村子里的粉蕉一直都卖不上好价钱。才地村的村民们隔几天也会砍一些粉蕉到市场上去碰碰运气，一天下来卖个几十斤，虽然一定程度上能够减少损失，但作用却是微乎其微。想想地里几万斤，这可怎么卖，得卖到什么时候？作为村里创业青年带头人，也是粉蕉在村里的引进人，卢桂忠心里多多少少有一些内疚，几乎每天晚上都睡不着觉，“现在虽然没有老板来收粉蕉，我们也每天来地里看看粉蕉的品质，只有一如既往地管理好，做好了准备，卖上好价钱的希望才会更大一些。来年才有回头客，来年才不愁销路！”卢桂忠抱着这样的想法带领村民继续下地做好日常管理粉蕉的工作。面对粉蕉的种植管理，卢桂忠从不懈怠。因为他深深知道，这片土地就是他们生活的根基，在这片土地有多少付出，就有多少回报。在想办法保证粉蕉的质量的同时，更坚定了他要想方设法帮助村民摆脱目前困境的决心，于是他不辞辛苦，多方寻找接洽对粉蕉有意的老板和粉蕉收购商，探索销售的可能性，并且积极主动地跟十月田镇互联网展示中心进行沟通联系，利用十月田镇互联网展示中心的网络渠道在网上进行销售，试图通过线上线下同时推销粉蕉的方式获取更多的销售机会，减少村民的损失，同时还主动跑到海口各个社区推销粉蕉。经过不懈努力和多渠道推销的方法，一定程度上解决了粉蕉滞销的难题。

卢桂忠还种植了 10 亩辣椒，通过同时种植粉蕉和辣椒为村内产业致富起到了一个良好的表率作用，为全村的经济社会发展做出应有的贡献。

电商服务，村内增添新元素

卢桂忠给人的感觉是一个头脑灵活、思维敏捷的人，而且他敢闯敢干，大胆创业，吃苦耐劳，勤奋好学。近几年才地村的经济生活水平有所提高，但由于受到信息技术、自身文化水平、眼界等条件的限制，农村青年在农村的经济发展中还不能起到真正的带头作用，且才地村离镇里甚至是县里路程都比较长，虽然村内许多人能买得起摩托车、电动车之类的交通工具，已不像以前出行那么困难，但仍然是极不方便。特别是对于那些底子薄、自身发展能力弱的农村家庭，仅靠传统的农耕种植自种自卖的方式要实现脱贫致富的目标是非常困难的。作为一名生在农村长在农村的新时代青年，卢桂忠总在思考，能不能通过自己的创业行动来带动乡亲们达到共同致富的目的？2016 年，省邮政厅派驻第一书记刘伟到才地村任职，带来更先进的知识和更丰富的理念，同时卢桂忠意识到这是个难得的机遇，他立即主动与邮政局对接洽谈，商讨开设电商服务站的可能性。经过双方协商，最终卢桂忠成功开办才地村内首家也是目前唯一一家电商服务站，主要推销才地村本地诸如香蕉、莲雾、三红蜜柚等特色农产品，很大程度上丰富了才地村村民销售特色农产品的渠道。如今村民不需要辛辛苦苦地拉着自家种的特色农产品在县里到处叫卖，只需要送到卢桂忠的电商服务站，然后在家里等着拿钱就行了，这是才地村的村民们在以前想都不敢想的事情。卢桂忠的电商服务站同时还为村民提供一项便民的服务，那就是代缴水费、电费，极大程度地为才地村群众的生活提供了便利。以前还没有电商服务站的时候，才地村的村民们每月都要想方设法乘车或开车到镇上缴纳电费、水费，就得花费四五十分钟的时间在来回的路上，再加上排队及其他杂事，半天时间就浪费了，自从卢桂忠的电商服务站开设代缴水费、电费这项服务后，村民们忽然发现，以前需要耗上半天才能解决的事情现在只需要跑跑腿到卢桂忠的电商服务站，十几分钟就解决了，跟其他仍需跑到镇上的别村的人聊天聊到这事时，看着别人羡慕的眼神，才地村的村民打心眼里高兴。

主要成效

卢桂忠积极发展和带动群众创业，因地制宜地引导群众积极调整产业结构。帮助群众搞好产业规划，种植粉蕉，不仅自己学习技术，还为群众提供技术指导和种苗，带动了 4 户群众前前后后种植了 30 多亩的粉蕉，帮助了许多贫困户脱贫，从而实现产业致富。此外卢桂忠还种植了 10 亩辣椒，通过同时种植粉蕉和辣椒为村内产业致富起到了一个良好的表率作用。卢桂忠紧跟形势，充分利用政府资源开办才地村内首家电商服务站，主要推销才地村本地诸如香蕉、莲雾、三红蜜柚等特色农产品，很大程度上丰富了才地村村民销售特色农产品的渠道。

经验与启示

“很多事情，你一直做下去的话，就会感觉到很开心。虽然也会觉得很辛苦，但这么多年都坚持下来了，这可能是责任心吧，到最后也都习惯了。”这是卢桂忠一直挂在嘴边的话，也是卢桂忠的初心。很朴实的话，但是一直坚持不忘初心为乡亲父老提供服务，以身作则带领群众致富，这是非常不易的事情。创业不仅要有热情，也要有方法，卢桂忠在选择创业种植项目时，先做市场调查，再结合本村的实际环境做出决策，避免了盲目冲动的创业行为，减少损失，也赢得群众的信任。

·保亭县·

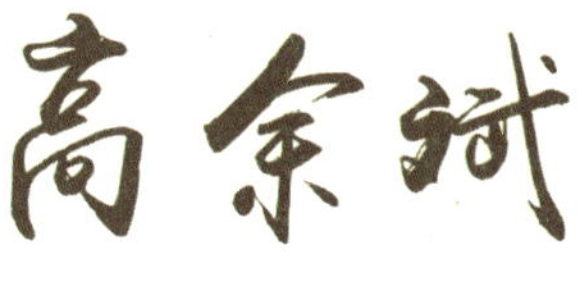

人物名片

高余斌，海南省保亭黎族苗族自治县新政镇什奋村人，大学毕业后，利用自己所学是畜牧兽医专业的优势，创办家庭农场，发展种养结合循环农业，带领周边群众一起奔向富裕路。

村庄基本情况

什奋村委会位于新政镇西南部，是海南保亭黎族苗族自治县深处的一个小山村，离镇政府驻地 12 千米，位置偏僻，是“十三五”建档立卡贫困村。该村下辖 4 个村民小组，常住人口 138 户 551 人。全村耕地面积 473.91 亩（人均约 0.7 亩），林地面积 3 226.26 亩，有槟榔 1 540 亩、橡胶 1 360 亩，村民主要经济来源为槟榔、橡胶、冬种瓜菜。2017 年底农村居民人均可支配收入 9 800 元。

创业过程

大学生返乡创业，会遇到各种各样的难题，致富之路是艰难的，但是只要发挥敢想、敢干的韧劲、冲劲，敢为人先的精神，就能收获意想不到的惊喜，在农村这块广袤的土地上开辟出属于自己的成功之路。

1988 年，高余斌出生在什奋村。面朝黄土背朝天，弯腰曲背汗满面，是祖辈们的生活剪影。跳出农门，成了父母对他最大的期望。高考第一志愿他填的是畜牧兽医专业。2011 年 6 月大学毕业后，高余斌顺利进入了与专业对口的万宁农垦畜牧集团保牧养猪公司上班，月薪 5 000 元以上。

在外工作 1 年多，高宇斌对养猪场有了整体了解。技术有了、管理懂了，那个久久藏在心底的回村创业成为地方养殖大户，带领邻里百姓脱贫致富的梦想苏醒了！然而，当他把这一想法告诉家人时，却遭到家人的反对，在多次劝说家人未果的情况下，高余斌辞掉了工作。大学毕业的高余斌要回家养猪！消息很快在村里传得沸沸扬扬。听到别人的风言风语，高余斌的父亲高启珍又气又急。

回到家里的当天晚上，经过与父母的交心谈心、反复斟酌，高余斌终于说服了父母。高余斌想着，与其做其他创业项目，倒不如利用自身优势，利用所学到的专业和一年多的工作经验，养殖农村五脚猪。

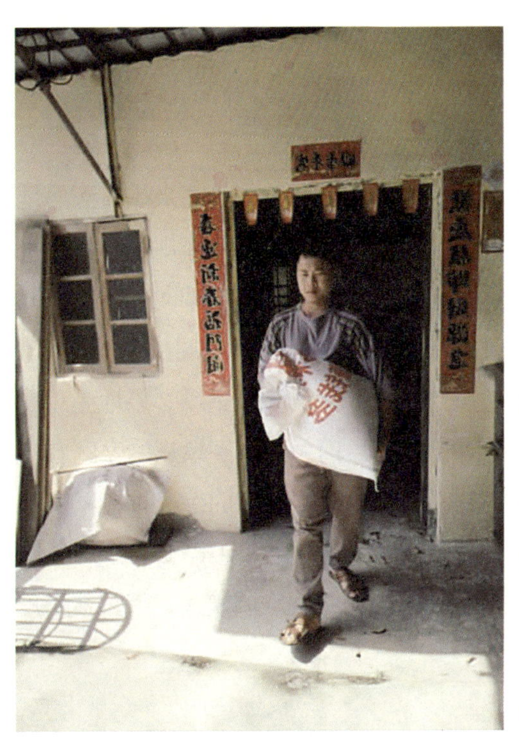

高余斌说干就干，父亲虽然嘴上对儿子回乡创业不满意，但是儿子真正行动起来后，还是心疼儿子，跑前跑后帮着他忙碌起来。爷俩找到了养殖场用地，请来挖掘机平整土地，从砖厂拉来废砖砌猪圈，等等，这些对于一个初次自主创业的年轻人来说，都需要从头学起。高余斌四处请教有经验的人，为了节约成本，他每天都会精打细算如何节约材料和人工，货比三家购买材料。经过一段时间的摸索，占地 5 亩的养猪场终于初具雏形，高余斌给猪场取名“志牧养猪场”，意思是志在畜牧。

猪舍建好了，开始引进猪苗，这才是创业真正的开始。为了寻找到肉质鲜美、符合大众口味的猪种，高余斌四处奔走，跑遍了三道镇、南林乡、加茂镇、六弓乡、三亚市等地……苦心人，天不负。志牧养猪场第一批出栏生猪、仔猪 180 头，纯收入 3 万多元。真正的“猪倌”生涯开始了。

创业路上有苦也有泪，就在高余斌壮志满怀时，现实给了他当头一击。由于一时疏忽，养猪用的水被污染，猪瘟在高余斌的猪舍里暴发并迅速蔓延，几天之内，猪舍里的 30 多头种猪就先后染病死亡，之后陆续出生的几十头仔猪也没能幸免，最后只剩下 2 头猪。那时，是高余斌遭受到的养猪以来的最大危机。高余斌不断为自己鼓气，告诉自己万事开头难，只要肯坚持就有希望。认真总结惨痛教训的高余斌把防疫灭病作为重中之重，四处借钱改扩建猪舍，购买新猪苗。经过近半年的休整，猪场重焕生机，到 2014 年底，高余斌的养猪场规模发展到了 26 头母猪，年出栏量 500 头左右，销售肉用黑猪到保亭、三亚等地。2015 年，他全年销售利润达到 20 万元，养猪成了高余斌开启致富大门的金钥匙。

由于这是村里规模较大的养殖场，村民们也开始信任高余斌的技术和发展理念。高余斌时常到村里小养殖户那里传授养殖经验和技术辅导，还到邻近的什芒果村委会提供养猪技术和销售服务，慢慢得到家乡其他养殖户们的认可，高余斌自主创业、带头致富的事迹也被乡亲们熟知。

看到高余斌富了，村里一些贫困户也开始陆续尝试着养猪。高余斌看到后是一喜一忧。喜的是，贫困户有了致富奔小康的意识；忧的是，散养规模小，不利于管理，猪肉市场一旦出现大的波动，收益难保证，甚至分文都收不回来。于是，高余斌利用自己空闲时间，向村民传授科技知识、养殖各种常见病预防技术。

2015 年中下旬，在镇政府的帮扶下，高余斌的养鸽场和豪猪场、果地土鸡养殖也办起来了，虽然规模小，但经营得很有特色。目前为止，高余斌的家庭农场已成为以肉猪养殖为核心，兼养豪猪、肉鸽、土鸡和果树种植的综合种植养殖基地。随着养殖数量的增加，2015 年 6 月，高余斌成立了村中第一家养猪合作社——志牧合作社，合作社采取“养殖能手 + 贫困户”的发展模式，带领贫困户增收致富。

主要成效

2016 年，高余斌决定改建猪栏、扩大生产，为此，政府帮扶 35 万元，合作社出资 32 万元，购进种猪 30 头、肉猪 196 头。当年合作社 16 户成员中，有 4 户是贫困户。这一年，合作社全年卖猪赚了 30 万元，贫困户全部脱贫。

此外，为了解决养殖带来的环境问题，高余斌动员社员以土地入股，发展循环农业，种植槟榔、菠萝蜜和益智，2017 年初步产生效益，合作社收入超过 35 万元。

经验与启示

高余斌创业后，边干边学，遇到困难不悲观不失望更不气馁，积极进取，分析研究，努力学习科学的养殖方法，通过自身努力，逐步扩大养殖规模，积极主动改变传统养殖习惯，改革创新观念。在镇党委、镇政府的支持下，大力发展种（植）养殖业，循环合理利用资源，扩大养殖规模，扩大再生产。

在自己走向致富的同时，不忘家乡，创立的合作社积极带动周边村民的发展，让美丽新农村建设更上一层楼。

大力实施乡村振兴战略，奋力开创新时代“三农”工作新局面，呼唤像高余斌这样的人才越来越多地涌现出来。作为农村经济发展的带头人，创新创业的榜样，他们在自己致富的基础上，以示范和带动作用，带领周边群众一起奔向富裕路，对农村经济发展、农民增收发挥着越来越重要的作用。

·琼中县·

蔡晓玲

人物名片

蔡晓玲，女，黎族，1987年8月出生，海南省琼中县湾岭镇鸭坡村人，共产党员。2013年返乡创业，2017年成立了鸭坡瓦屋家电商平台，组建瓦家乡村旅游团队，因地制宜发展特色农业，带领村民共同奔小康。

村庄基本情况

鸭坡村位于琼中县湾岭镇北部，地处海榆中线115千米处，北距中线高速屯昌枫木出口7千米，南距湾岭墟200米，交通十分便利，民风淳朴，生态环境优美，村内基础设施完善。全村面积约8平方千米，其中水田1 157亩，橡胶1 584亩，槟榔870亩，种桑26亩。下辖13个村民小组，村“两委”干部5名，党员68名，常住人口579户1 860人，村民经济来源主要是种植橡胶、槟榔、水稻及外出务工。近几年，在县委、县政府的大力支持下，鸭坡村坚持以促农增收和创建文明生态村为目标，充分发挥党支部战斗堡垒作用和党员先锋模范作用，因地制宜发展特色农业，着力打造“鸭坡”生态旅游品牌。

创业过程

走进鸭坡村，在干净整洁的村道上，随处可见奇花异草，有三角梅、雏菊、茉莉花和各种不知名野花，时时散发出一股股清新的“田园味道”。在这鸭坡村中有一间独特的农家瓦屋，碎石瓦片堆砌成的墙壁，上面爬满绿色植被，伴随着老树上小鸟美妙的歌声，使得这间瓦屋清晰脱俗，这样别具一格的瓦屋，得益于一个人，那就是返乡大学生蔡晓玲。

小时候由于家庭贫穷，初中毕业后的蔡晓玲选择了外出打工，当时她年仅17岁，却早早经历了社会磨炼。2006—2010年，她在三亚南山旅游文化景区工作，多次被评为优秀员工、优秀中层管理人。2012年在海南山地救援协会担任会长助理，多次参加山地救援行动。奔波忙碌的生活并没有打消她的上进心，她利用空闲时间看书，学习专业知识，函授大学本科学历。在三亚南山旅游景区服务近十年，职位越升越高，工资待遇丰厚，蔡晓玲却不甘于此，她还很年轻，不想被束缚着，她渴望一片更加广阔自由的舞台，最终毅然放弃了这个稳定的高薪职位，选择未知的风险，那就是自主创业。身为黎家女儿的蔡晓玲，一直惦记着家乡，总想着有一天能回家乡，闯出一番天地。

蔡晓玲的家乡满载着她儿时的回忆，这是片养育她成长的土地，尽管不富裕，但山清水秀拥有着无限商机。农村资源丰富，就是缺致富带头人。蔡晓玲看准了这个机会，2013 年她选择返乡创业，把自己在外所学的知识和经验，从大城市带回到农村。

鸭坡村辖下 9 个自然村，瓜果蔬菜、蜂蜜等农产品相当多，山村里的农民空有产品却不懂销路，只能放在家中直至变坏，无人问津。蔡晓玲不禁为这些农产品惋惜，也担忧着村民的收入，看着村民日子过得紧巴巴，蔡晓玲打心眼里心疼。为村民们推销产品迫在眉睫，心思细腻的蔡晓玲并不急于大施拳脚，而是骑着电动车，在乡间小路上来回穿梭，与村民闲聊，观察村中农产品销售情况。蔡晓玲本身就是做旅游商品的，以她多年的经验，她深信，家乡的农产品肯定能卖个好价钱，于是蔡晓玲决定在家里建立销售平台。

就这样，蔡晓玲走街串巷，自掏腰包收购农户们手中卖不出去的农产品，再通过销售平台出售，解决村民家中产品的积压。可她这一做法，却遭到村民们的质疑。

林娟是鸭坡村的一名山鸡养殖专业户，自己的山鸡养殖已经有了一定的规模，却找不到销路，不知如何让自己的产品从大山深处走出去。见到蔡晓玲上门，说是能为自己销售所有的山鸡以及鸡蛋，林娟说什么都不愿意相信，因为蔡晓玲看着太年轻了，凭借自己多年经验，在这山区里，要想把这些山鸡全部卖出去，简直是天方夜谭。那时候农民不懂互联网，也不懂放网上卖，为了能让林娟相信自己，蔡晓玲煞费苦心，耐心为林娟讲解她的销售方式。禁不住蔡晓玲的软磨硬泡，林娟半信半疑地把产品交给她出售。蔡晓玲以前做旅游的时候，积累了一些客户，这些客户很喜欢购物，特别是纯天然的有机产品，刚好蔡晓玲就满足了他们这个需求。

得到林娟的信任后，蔡晓玲充分利用微信朋友圈客源，通过互联网线上推介及线下体验结合的方式，成功地为林娟解决了山鸡销售难的问题。而林娟从蔡晓玲那了解到，原来农产品还可以通过微信朋友圈等方式来售卖。通过这种方式，现如今林娟的产品，不仅供不应求，而且价格也提高了不少，蔡晓玲也得到了村民们的认可。

尝到了返乡创业的甜头，蔡晓玲在驻村第一书记的引导下，于2017年4月成立了鸭坡瓦屋家电商平台，专卖鸭坡村的农特产品，村民们也纷纷主动把家中农产品拿到蔡晓玲瓦屋内寄卖。

不仅如此，蔡晓玲还到冬交会、美食节、海博会等参展，帮助村民销售农产品达80多万元，而她制作的凤眼米椒已成为爆款产品。凤眼米椒，又名鸟眼椒、米口椒，香辣，是一种还未被大量种植的野生辣椒，主要生长在海南中部山坡上。2017年经过半年的市场考察，蔡晓玲发现琼中的这个辣椒特别好卖，也很有市场，深受消费者的欢迎。据蔡晓玲介绍，小米椒无法大规模种植，多半是自家或邻居种的，一直以来都是一种较难买得到的稀有辣椒品种。农民小规模种一亩地300棵左右，一年能够增加几万元收入。正是瞄准了这个商机，蔡晓玲在自己致富的同时，也不忘乡亲们发展，带动鸭坡村、石头堀等村庄5户贫困户共种植凤眼米椒5亩。

周积是蔡晓玲帮扶的贫困户之一，为了充分利用土地资源，周积把凤眼米椒种植在槟榔园和橡胶园内，两者相辅相成，共同生长，凤眼米椒每一亩可产1 000斤左右，鲜果一斤20—30元，如果精心管理，辣椒树可长果3年。这么可观的收入，让贫困户周积更加细心种植。蔡晓玲也经常到农户家走访指导凤眼米椒的管理，农民很感激蔡晓玲。“她是返乡创业大学生，见的世面比较多，回到村里带动农户们致富，没有蔡晓玲的带动，我们也发现不了这个赚钱的门路。”周积说。现在的鸭坡村提起蔡晓玲，大家都拍手称赞。

乡亲们日子越过越红火，也实现了蔡晓玲返乡的初衷。然而蔡晓玲不满足于此，她认为，家乡生态环境优美，有生态有机的绿色美食和天然清静的居住环境，这何尝不是鸭坡村的重要“卖点”呢？于是蔡晓玲组织了一批返乡青年，整合各种资源，组建瓦家乡村旅游团队。团队在蔡晓玲的带领下，一年来承办了琼中端午书香粽香、稻鱼共生等多场大型乡村体验活动，单场参与人数达 2 000 人，活动当天农产品销售收入达 3 万元，不仅如此，还带动周边村民的就业。村民吴净从小患有先天性心脏病，因为病情，吴净从未出过远门，更别提外出打工养活自己了。然而，蔡晓玲建起旅游团队后，每举办一次活动，都会花钱聘请村民前来帮忙，而吴净也被聘为管理员，使得她能在自家门口就业，生活也变得更丰富，人也变开朗起来。如今，通过政府的主导和蔡晓玲努力，鸭坡村依托“奔格内”（黎语，意为“来这里”）乡村休闲旅游，积极推动鸭坡农业特色产业与现代旅游业融合发展。随着屯琼高速的开通，岭门互通附近就是鸭坡村委会，一年接待游客量可达上万人次。

“一村一品”是蔡晓玲目前迫切要完成的任务，她希望在她的带动下，发展旅游产业，让村民们的荷包鼓起来。看着女儿忙忙碌碌的身影，母亲吴甸花埋怨的同时又心疼她，在母亲吴甸花看来，跟她同龄的姑娘已在相夫教子，而她却像 18 岁少女般充满活力，四处为乡村旅游建设奔跑着，风吹日晒，让她头疼不已。蔡晓玲深知母亲的担忧，但心中有宏图，等着她去实现。在一次采访中记者问蔡晓玲就不能停一停吗，她回答说：“不停，这哪能停啊，停下来就不行，停了就老了。”

作为一名党员，蔡晓玲有想法，勤劳肯干，一心一意为民谋福利，带领村民共同奔小康，用实际行动诠释了一名共产党员的责任与担当。

主要成效

身为黎家女儿的蔡晓玲放弃了稳定的高薪职位，选择未知的风险，自主创业，把自己在外所学的知识和经验，从大城市带回到农村。2017 年 4 月成立了鸭坡瓦屋家电商平台，专卖鸭坡村委会里的农特产品，奔波多地帮助村民销售农产品达 80 多万元，她制作的凤眼米椒已成为爆款产品。还带动鸭坡村、石头堀等村庄 5 户贫困户共种植凤眼米椒 5 亩。蔡晓玲组织了一批返乡青年，整合各种资源，组建瓦家乡村旅游团队。团队在蔡晓玲的带领下，承办了多场大型乡村体验活动，活动参与人数与产品销售收入喜人，不仅如此，还带动周边村民的就业。如今，通过政府的主导和在蔡晓玲的努力下，鸭坡村依托“奔格内”乡村休闲旅游，积极推动鸭坡农业特色产业与现代旅游业融合发展。

经验与启示

蔡晓玲是青年黎族女性创业的代表之一。她有强烈的上进心，不断学习知识，提升能力，她还拥有丰富的旅游企业工作经验。知识、能力、经验、眼界的丰富和提升为她成功创业提供了可能和基石，所以，她能够为家乡发展不断地寻找新方式和路径。

王攀

人物名片

王攀，男，1987年1月出生，共产党员，中专学历，琼中县中平镇中平村委会新村一队村民，2017年带领33户（113人）贫困户养殖“小金猪”，成为远近闻名的致富带头人。

村庄基本情况

中平镇位于琼中县东部，镇委、镇政府驻思河墟，距县城 30 千米，下辖 6 个村委会，2 个居委会，共 45 个村民小组、38 个居民小组。现有常住人口 3 215 户 12 791 人，全镇行政区域面积 37.39 万亩，耕地面积 6 966.4 亩，其中农业人口 1 950 户 8 223 人，2017 年底全镇年人均可支配收入达 13 712 元。中平村委会位于中平镇西南部，距镇墟 12 千米，境内多山，森林资源丰富，辖区面积 27 987 亩，其中水田 806 亩。下辖 8 个村民小组，全村共有 401 户 1 580 人，居民以黎族、苗族为主。主要经济收入有橡胶、槟榔、益智种植和外出务工等。

创业过程

外出学艺，发现商机

王攀创业路是一步一步走过来的。2006 年，19 岁的王攀远赴深圳学厨艺，在这里，他见识到了城市日新月异的变化，深深感觉到家乡海南的落后。开了眼界的王攀，立志要改变贫困山区的家乡。学成归来的他，先后在海口、三亚等地大型酒店从事餐饮工作。在日复一日的枯燥工作中，他发现消费者高消费的都是原生态的。不大的一碟猪肉，要价竟达到 188 元。2006 年，他的工资也就 1 000 元出头，渴望改变现状的王攀对此上心了。他打听到，这种猪肉可不是普通的猪肉，是一种体形矮小、肉嫩味香、食而不腻的香猪的肉，要价自然不低。发现商机的王攀萌生养殖香猪的想法。

万事开头难。王攀对香猪一无所知，获知的信息十分有限。意外的一个机遇，让他和香猪从此结下不解之缘。2007 年，王攀去当时还是女朋友的妻子家，竟然看到了香猪。王攀妻子娘家在东方市八所镇，那里的人圈养的猪，就是他朝思暮想的香猪，当天他就带了 10 多只回乡养。

兴奋的王攀特地给这些远道而来的小猪们安置了窝，天天精心照料它们，期待着通过养殖小香猪，开创新的致富道路。养殖一段时间，王攀很快就发现了问题：圈养的猪因缺少活动，口感自然达不到结实，肉质太差，根本就不是自己想要的那种。虽然明白症结所在，王攀却不敢轻易下药方，因为他了解，要找到地方放养香猪，要建基础设备、员工住房、生活设施、饲料间，要通水电，还要搭猪棚等，投资大，成本需要几十万元。对于刚参加工作不久的王攀，手里积蓄不多，这无疑是天文数字。

克服困难，实现梦想

王攀没有轻言放弃，为了攒钱，他想尽了办法。他发现周边建房农户很多，但是镇上没有一家建材店，于是他在镇上开了一家建材店。凭借着好人缘和价格公道，开张第一年，王攀就盈利了。经过几年的努力，他的建材店一年纯利润达到 10 多万元。中平镇是海南中部山区的一个小乡镇，年收入达到 10 多万元，收入很高了，王攀完全可以一直经营建材店。可他还是念念不忘养殖小香猪。为了养殖香猪，他和妻子商量，要将建材店赚到的钱投入香猪养殖上，但是妻子没有同意，说没有技术，没有场地，害怕失败。王攀最后还是义无反顾地将四年经营建材店赚的钱，全都投到了养殖香猪的事业上，建材店主要由妻子管理，自己从旁协助。为了放养香猪，不打扰到别人，他四处找寻放养区域。经过多方努力，

王攀找到了一个距离自己村庄30多分钟车程的山顶，深山原生态放养，吃的大多数是野果、野草等，香猪的肉质肯定不错，一旦这个香猪养成，价格绝对低不了，王攀认为发展空间非常大，便一股脑地干了起来。

为了规范化发展，王攀成立了琼中天水原生态香猪野猪养殖专业合作社，成立之初，王攀既要担任理事长经营管理，又要负责养猪。王攀并没有相关的香猪饲养技术经验，直接在山上投放了60只小猪，就这么生手干起来了。他认为生手少走弯路最好的办法，就是多借鉴过来人的经验。但是这样大规模在山上放养的，借鉴的经验少，捷径走不通，要走下去唯有硬扛。对香猪养殖知识一无所知，仅凭一腔热情是做不好事业的，打拼多年的王攀对此心里有数。为了打好基础，王攀从网上、书本上做功课，补足养殖知识上的短板，相信只要肯下苦功，总有成功的一天。

王攀为了香猪养殖事业一头扎进了山里，对建材店的生意开始力不从心。经过慎重考虑，王攀决定和妻子摊牌，寻求妻子的支援。他和妻子说明了关掉建材店一心做香猪养殖的想法，但是妻子始终不同意。经过一段时间的商量，王攀的决心打动了妻子王秋尾，她知道，养殖香猪是丈夫多年的心愿，从丈夫将多年经营建材店的收入都投入香猪养殖开始，她就拦不住他，既然拦不住，唯有支持他做好这项事业。

关掉了建材店，王攀越发努力了。他在山头盖起了500平方米的猪舍，把2个月以上的香猪都放养到山顶，早晚喂食玉米粒，摸索出了独特的“山顶放养”养殖方式。通过“山顶放养”模式养殖的香猪半年便可出栏，成年香猪市场售价高达3 000元/头，王攀也逐渐尝到了香猪带来的甜头。经过几年发展，王攀逐渐找到了香猪养殖的窍门，合作社经营得有声有色，不到两年时间香猪就达到300多只。

产业致富，不忘乡亲

自己赚到钱了、富了，生活过得好了，但王攀从没忘记要改变村民贫困生活的愿望，一心想着怎样带领村民增收。果子众人享，味道甜又甘。2017年，政府推行“合作社+基地+贫困户”的生产模式，王攀得知后，主动联系镇政府，提出吸纳贫困户加入合作社实现抱团发展，他的举动也得到了妻子的全力支持。合作社吸纳了南垢村 33 户贫困户，贫困户每人 3 000 元股金，共计 52.4 万元全部投入合作社，并由镇政府扶持建设 1 间母猪繁育猪舍、81 间饲养间，王攀就这样走上了带领贫困户致富的道路。为了让贫困户真正掌握饲养技术，也为充实合作社的技术力量，王攀开设免费培训班，吸引贫困户主动参加技术培训，毫无保留地教他们养殖技术，让他们到合作社实习，做到“传、帮、带”。村里贫困户们参加的合作社很多，分红最多的就是王攀的养猪合作社，最多拿到了 3 300 元的分红。分红后贫困户喜悦的心情溢于言表，表示要跟着王攀好好干。

养猪赚钱了，王攀成了村里的大能人。村里的建设缺少资金了，大家总爱来找他；文艺演出搭棚缺资金了，找王攀；水管坏了，也找王攀。新村两个村庄的水管年久失修，里面的污垢堆积了，村民喝着浑浊的水，或者拿水桶慢慢接，沉淀后再用，有时候急用水了，就骑上摩托车去水塔拉水，但时间久了，总归是不方便。王攀得知后，二话不说，痛快地表示，两个村共 400 多条的水管钱，他都出了。王攀时常说：作为一名党员，要有一个正确的工作目标，不是为了体面的工作，稳定的收入，而是为了实现自己的人生价值。他是这样说的，也是这样做的。王攀还有自己的梦想，他希望通过自己的努力，能够带动更多的贫困户增收，能够帮助乡亲们走上致富的道路。

主要成效

王攀为养殖香猪成立琼中天水原生态香猪野猪养殖专业合作社，通过“山顶放养”模式养殖的香猪半年便可出栏，成年香猪市场售价高达 3 000 元 / 头。合作社经营得有声有色，发展到差不多两年时间就达到 300 多只。镇政府推行“合作社 + 基地 + 贫困户”的生产模式，王攀的合作社吸纳了南垢村 33 户贫困户，开设免费培训班，吸引贫困户主动参加技术培训，毫无保留地教他们养殖技术，并且让他们到合作社去实习，真正做到了“传、帮、带”。在王攀的带领下，村里的许多人走上了脱贫致富的幸福大道。

经验与启示

王攀通过自己的打工经历，发现市场空白和商机。通过开设建材店筹集资金，探索出“山顶放养”的香猪养殖方式，成功地实现了自己养殖香猪的创业梦想。创业成功者必须具备一个特质：坚持。王攀为实现养殖香猪的创业梦想，在缺乏资金时，通过开设建材店筹集资金，在建材店生意红火时，仍不忘记自己的创业梦想，投身于艰苦而不知结果如何的创业之路。苍天不负有心人，成功是对创业者坚持的最佳奖励。

余雪梅

人物名片

余雪梅，女，琼中县湾岭镇新坡村委会香岭村一个勤劳朴实的农村妇女，远近闻名的养鹅致富能手。她吃苦耐劳，敢于实践创新，大胆探索，积极带领农民群众共同致富，为自己闯出了一片天空。

村庄基本情况

湾岭镇地处琼中县东北部、从县城往海口市 15 千米处，东连屯昌县、西接营根镇、北邻黎母山镇，坐落在乌那线与海榆中线交汇点，同时是海南省田字形高速公路交汇点。新坡村委会位于湾岭镇北部，离镇政府驻地 13 千米，距海榆中线内进 2 千米，下辖 5 个自然村，现有农户 108 户，586 人，党员 34 名。辖区内水田面积 217 亩，橡胶 1 574 亩，槟榔 1 674 亩。村民主要以种植橡胶、槟榔及养蜂、养鱼为经济来源。

创业过程

余雪梅是广西人，2010 年嫁到湾岭镇新坡村委会香岭村。头几年她在外省打工做销售，工作相对稳定而且收入较为可观，父母和孩子都在海南农村老家。随着时间迁移，父母年纪越来越大，孩子也到了上学年龄，两位老人没法接送小孩，余雪梅经过慎重思考，决定留在家里创业，不再漂洋过海去打工。

刚开始选行业时她非常迷茫，不知道该做哪一行，能做哪一行。余雪梅想起之前做销售时培训老师说过的话："不管以后做什么生意一定要做市场调查。"于是余雪梅夫妇开始进行详细的市场调查，发现：海南素有"无鸡不成宴""无鹅不成宴"的习俗，鸡肉、鹅肉已成为普通大众不可缺少的餐桌美食，市场长期处于供不应求的状况。特别是肉鹅，具有成本低、出笼快、效益高的特点，是一个致富的好项目。

2012 年，下定决心后余雪梅开始尝试养鹅，她把打工挣来的 2 万元全部投到养鹅产业上。由于启动资金少，为了节约资金，余雪梅和丈夫到山上砍竹子搭了个简易棚当作鹅舍，然后打上水泥地板，鹅舍共花了700元钱，剩余的钱买了500余只鹅苗。由于钱都用于鹅舍建设、购买养鹅设备和鹅苗，导致没有资金购买饲料。余雪梅和丈夫苦恼了好几天，决定赊账解决饲料问题，等到卖鹅后再还饲料钱。想法虽然是好的，但是询问多家饲料商，没有一家饲料商肯赊账给她，怕万一她的养鹅产业失败，成本难以收回。但余雪梅不放弃，最后有一家饲料商被她的诚心感动，同意赊账给她，虽然供货价比市场价略高，但是有人敢赊账给她，她还是同意了。万事俱备，夫妇俩把500余只鹅当作自己的儿女一样照顾，没有技术就边养边学，通过学习种养大户的经验、购买相关养鹅书籍，逐渐掌握一些养鹅的技术。80多天后，收购商前来收购这些鹅，余雪梅挣到创业的第一桶金。

但余雪梅并不满足现状，她认定养鹅产业是个发家致富的好门路，与丈夫商量后决定扩大养殖规模。她养鹅致富的消息传遍了整个新坡村，十里八乡的村民都赶来观看学习。功夫不负有心人，余雪梅的养鹅产业得到当地政府的认可，政府决定继续扶持余雪梅的养鹅产业，帮余雪梅建了500平方米的鹅舍。2015年，余雪梅成立新坡农源畜禽养殖专业合作社，她的养鹅事业开始走上正轨。

“一人富，不算富，大家富，才是真的富。”这是余雪梅经常挂在嘴边的话。虽然自己生活好了，但是新坡村还有不少贫困户，余雪梅在政府的支持引导下，通过合作社带动新坡村的贫困户发展养鹅产业。俗话说“人穷志短，马瘦毛长”，对于贫困户来说，他们的心理脆弱，尤其是那些因残、因病致贫的贫困户。他们认为余雪梅的养鹅产业，未来市场销售不会好，养的人多了市场将会饱和，价格不会再有新高。余雪梅耐心对他们进行心理疏导，打消他们的顾虑，充分尊重贫困户意愿，让他们积极投入生产中。2016年，为促进贫困户脱贫致富，在湾岭镇党委、镇政府的大力支持下，合作社与村委会进行合作，采取“合作社＋村集体＋贫困户”的模式抱团发展养鹅产业，共22户96人入股合作社，农源畜禽养殖专业合作社提供现有的专业技术，负责生产、培训和管理，村集体投入基础设施建设资金，贫困户以扶贫资金或种苗入股，三方共同发展，利润按照贫困户、合作社、村集体 6∶3∶1 的比例进行分红，合作社需要劳动力时优先安排贫困户到合作社工作，可边工作边学习，工资按天或月结算，不影响利润分成。贫困户脱贫不再合作后，合作社退还投入的扶贫种苗，保证贫困户持续发展。合作社在帮扶单位建设银行的帮助下，成功申请 50 万元贴息贷款用于发展养鹅产业。2016 年底合作社在政府的大力扶持下，新建基地面积 1 100 平方米，2017 年 7 月份新基地开始投入使用。截至目前，余雪梅的合作社共出栏鹅 6 万只，销售收入达 625 万元。

余雪梅自立自强，凭双手创造价值，踏踏实实工作，懂得感恩回馈，不仅赢得了尊重，更成了村民学习的好榜样。余雪梅计划在 2018 年底建成集孵化、养殖、销售于一体的合作社，带动周边村庄 50 户贫困户。同时合作社正申请注册自己的品牌，以深加工销售提高利润，全力以赴把养鹅产业做大做强，带动贫困户共同致富。

主要成效

余雪梅发展产业时做了详细的市场调查，克服资金、技术、设施等一系列困难，通过学习种养大户的经验、购买相关养鹅书籍，逐渐掌握养鹅的技术，鹅养殖 80 多天就有收购商前来收购，挣到创业的第一桶金。余雪梅的养鹅产业得到当地政府的认可，政府决定继续扶持余雪梅养鹅产业。2015 年余雪梅成立新坡农源畜禽养殖专业合作社，她的养鹅事业开始走上正轨。采取“合作社 + 村集体 + 贫困户”的模式抱团发展养鹅产业，共 22 户 96 人入股合作社。2016 年底合作社在政府的大力扶持下，新建基地面积 1 100 平方米，2017 年 7 月份新基地开始投入使用。截至目前，余雪梅的合作社共出栏鹅 6 万只，销售额 625 万元。

经验与启示

创业项目的选择是创业成功的基础。余雪梅在进行充分的市场调查的基础上，选择养鹅作为创业的起点。事实证明，只有在充分地进行项目分析的情况下，创业才能少走弯路，降低失败的可能性。农村创业中另一个需要重视的问题是技术的学习和提高。余雪梅通过向书本、专家、养殖户学习，迅速地掌握养鹅技术，使技术在短时间内变成了收入，这对经济基础薄弱的农民来说，至关重要。这样一来，一是快速地解决了资金问题，二是树立了创业的自信心。

·白沙县·

符小芳

人物名片

符小芳，黎族，1974年出生，共产党员，海南省白沙县牙叉镇人，海南白沙五里路有机茶叶专业合作社社长、党支部书记，获得白沙县首届优秀人才奖、海南省少数民族和贫困地区人才贡献奖，当选海南省第六届人大代表。

村庄基本情况

牙叉镇是白沙黎族自治县县城所在地，位于县中部偏东，是全县的政治、经济、交通、文化中心。新的牙叉镇于2002年9月由原牙叉、白沙、南叉3个乡镇合并组成。其境东邻细水乡，南连元门乡，西接青松乡，北靠打安镇、阜龙乡。境内有邦（溪）南（训）公路。全镇辖3个居委会（桥南社区、城东社区、城西社区）、13个村委会和3个经济场（白沙农场、牙叉农场等），97个村民小组，总人口3万多人，其中农村人口20 388人。

创业过程

在闭塞的白沙黎族山区，茶香满山。早在20世纪90年代末，黎乡姑娘符小芳开始了种植经营之路，十多年来，符小芳通过刻苦学习农业技术、依靠国家农业新政策，努力实现"大众创业、万众创新"致富之路，历经许多艰辛，最终成为海南有机茶园第一人，填补海南有机茶产业空白。先富不忘带后富，符小芳积极响应党和政府号召，传授贫困妇女科学种茶技术，扛起"巾帼脱贫行动"担当，为打赢脱贫攻坚战，引领黎族人民奔向富裕之路，做出了独特贡献。

艰苦的创业之路

1997年，符小芳以优秀的成绩毕业于白沙县职业高等中学，专业学习热带作物的栽培技术。毕业后工作于农垦龙江农场。2000年，符小芳开始了自己的第一次创业。

第一次的创业，她凭着一腔热爱，艰难地经营着一片香蕉园。尽管是职业高中毕业，也尽管在龙江农场学习了栽培技术、管理经验，但独立操作和管理一整片香蕉园，对她来说仍然是全新的课题和全新的世界。香蕉园选址在一处较为偏僻的坡地，土地平整难度极大，但她坚持完成了土地平整的工作，可是由于山坡

较陡，施肥、浇水都成了极困难的事。大部分农户只是依靠自然降水和土壤自然肥力，让香蕉自生自灭。符小芳面对那片难以施肥、浇水、管理的坡地上的香蕉地，也一筹莫展，以失败告终。但她没有气馁，又鼓起勇气开始了第二次的创业。在哪里跌倒，就在哪里爬起来。这一次，她仍然选择了香蕉。

第二次创业，她汲取了上次的经验，选择了交通和水源都较好的地方，利用所学到的知识，采用小而精的管理要求，赚取了人生第一桶金。2005 年，一场关于“香蕉癌症”的谣言，使海南的香蕉种植户们的希望一瞬间破灭了，当时的蕉价从 1 元多一斤跌至 2 毛钱一斤，就算这样的价格，人们仍然找不到买家。符小芳也处于这样的境遇之中。高投入、高风险、低收益，香蕉产业给她上了深刻的一课。如何降低风险、保证收益，这个问题在她未来的决策之时，成为她的首要思量。

之后，她经历了橡胶、沉香、花梨等选项、投资，但基本上都只是尾随市场，市场热什么，就跟随什么，而最终的结果也仍旧是靠天吃饭。

努力创新，实现有机茶零突破

2011 年，有一天符小芳看电视中提到关于鼓励成立农业专业合作社的新闻，心情十分激动，如同冥冥之中寻找到一盏明灯。第二天，她一大早去到牙叉镇政府农办和县里农业局打听相关的政策。之后符小芳集合了 5 户茶农，成立了五里路茶叶专业合作社。白沙是传统的海南茶基地，种茶历史已有几百年，而近些年常规茶园的效益并不算太高，但常规茶园管理粗放，而且相对来说投入也比较低。

合作社成立后，五里路的茶园也种植形成。但她一直疑惑："这样真的好吗？按传统的方式种茶，这是我想要的吗？"当时，她还从未听说过有机茶。一次，电视节目里提到了福建光照人的有机茶，主持人介绍了有机茶的价格，足足比海南的茶叶价格高出十倍。这一消息震惊了她。"有机茶怎么种？我可以种吗？会有什么困难？"带着这些问题，她上网查了很多相关的资料。种植理论找到了，但实际操作应该怎么样，仍然是个难题。

她再一次找到了牙叉镇和县农业局，政府及农业部门帮助她联络了福建、贵州等地的有机茶园，让她去实地学习别人的成功经验。就这样，她开启了白沙乃至海南有机茶产业的先河。

常规茶园向有机茶园转化是一个煎熬的过程。有机茶的最基本标准就是在生产过程中，完全不施用任何人工合成的化肥、农药、植物生长调节剂、化学食品添加剂等物质。有机茶叶是一种无污染、纯天然的茶叶。为了满足这些条件，五里路的茶园里野草茂盛的时候，只能采用人工除草，除完一次草大约需要一周的时间，再回头看时，最先除过草的地方又已经是荒草繁茂。

最令人头疼的不是草，而是虫。虫情严重的时候，尤其是茶园天敌蓑蛾来袭时，一夜之间，茶园里的茶树就像被剃了头一样，那些眼见就要收获的叶芽全秃了。有一次深夜里，她在茶园里检查虫情，听到虫子咬茶树的声音，刷刷刷的，那声音一直在耳边回响。瞬间她就崩溃了，号啕大哭，想要放弃有机茶种植，但在情绪宣泄后，擦干眼泪，又重整旗鼓。最后，通过大量使用粘虫板、太阳能灭虫灯、引诱剂等无公害除虫方法，总算渡过了这一次的危机。

繁重的工作，使她不得不每天清晨 4 点起床赶到茶园，采茶、除草、浇水，下午制茶、炒茶、包装、销售……每天都重复着同样的节奏，这几年的工作也使她患上了严重的颈椎病。

经历了一次又一次各种问题，三年的转换期过去了。2014 年，五里路向国内有机茶检测机构提出有机茶园认证申请。国际有机作物改良协会和北京五岳华夏有机中心分别派员到白沙现场进行历时一周的多处实地抽样，随即样品又直接送德国进行严格地检测。经过忐忑不安的等待，五里路有机茶园终于通过国际最高等级的考核，成为海南唯一的有机茶园，填补了海南的有机茶产业空白。参与检测的欧盟权威专家，更是对海南能生产出完全符合欧盟与美国标准的有机茶感到惊讶，赞不绝口。

现在五里路有机茶已经成功推向市场，北京、上海、广州、香港、澳门、三亚等地方的茶客纷至沓来，产品基本上还没上市就已经被订购一空。市场价格比周边普通茶园的价格高出几倍。目前，五里路茶园在白沙县政府的帮扶下，建立起自动喷灌系统，是黎族茶农中第一个实现完成农业自动的茶园。

五里路有机茶在品类上进行创新开发，在传统白沙绿茶的定位基础上，打算向红茶、白茶和其他种类的茶品进军。同时，五里路还希望能开发和创新各种富有黎族茶文化特色的茶具。

技术急先锋，黎家致富领路人

五里路茶园、制茶厂每天大约需要 40 个工人才能满足基本的除草、浇水、施肥、采茶的工作，在符小芳的号召下，周边的黎族妇女主动参与到她的茶园工作，不但能获得经济收入，还能在她的茶园里直接学习有机茶种植技术。

符小芳通过网络学习、亲自上门请教、电话咨询等多种渠道了解和学习到新技术，比如通过在茶园里种植假花生、王草等高蛋白的草类，可以使其有效地控制杂草的生长，也能在收割后用于压制绿肥，为茶园提供有机肥。

她在自己茶园将这些技术实践、消化形成一套适合白沙的有机茶园种植技术，然后通过在五里路茶园和五里路制茶厂定期举行有机茶种植讲座，毫无保留地，从理论到实际操作给予乡亲们指导。乡亲们在她的经验之上，更快捷地熟悉有机茶种植技术，减少了摸索中的盲目投入。目前已经有 38 户黎族茶农与五里路有机茶合作社一起打造白沙有机茶事业。

十几年默默回馈社会，不图名利

从符小芳儿子出生后，她常常想起那些在七坊敬老院里的孤寡老人，他们孤单的样子会不时地浮现在她的脑海。也是从那年开始，她经常带着孩子去七坊敬老院，节假日的时候去陪陪那些老人说说话，让他们看看孩子的笑脸，安慰安慰他们孤独的心。她认为钱财物质虽然不可或缺，但家人和朋友给的温暖才是最好的关怀。一晃十几年过去了，儿子已经成长成为小大人，但到每到年节去七坊敬老院看望老人的习惯始终如一。

符小芳这样做不是为了名利，完全是发自内心的呼唤，她只对敬老院的阿公阿婆说自己是本地做生意的一个黎族同胞，从不说自己的名字，十多年来敬老院的工作人员及老人也不知道她叫符小芳。 除此之外，她还给周围一些相对困难的黎族同胞送钱或物……林林总总的好事，她却从来没有声张。

主要成效

从偏僻的黎村走出来的普通农民符小芳成为远近有名的致富带头人，但她没有忘记仍处贫困的妇女同胞。她通过开展培训等方式吸纳当地贫困妇女加入合作社，目前，合作社社员已从原来的 5 户增长到 176 户，茶园规模也扩大到 300 亩。白沙五里路有机茶叶有限公司党支部成立后，符小芳多了一个身份——支部书记。身为党支部书记的符小芳表示将更加注重发挥支部和党员的引领作用，在带领党员、妇女创新茶叶种植管理技术和助力脱贫攻坚上做好表率。如今的五里路有机茶专业合作社，已成为辐射带动黎族农民发展新型产业的新标杆，也是白沙巾帼扶贫的一面旗帜。

经验与启示

符小芳的成功源于创业观念革新。一般情况下人们与其说缺乏创业精神，倒不如说是思想保守，安于现状，有的人宁愿吃低保、打牌、游逛，也不愿去艰苦创业。很多人看重的是一个稳定的工作岗位，认为创业是没有工作后的无奈选择。突破常规的思维定式最难，也最关键。这需要从改造传统观念入手，重视对传统观念注入新时代的内涵。要在全社会大力弘扬艰苦奋斗、开拓进取的精神，增添人们遨游商海、闯荡世界的勇气。打破藏富嫉富心态，鼓励创业能人冒尖，激发全社会创业致富的积极性，形成“政府鼓励创业，民众自主创业，社会支持创业”的浓厚创业氛围。

在现在的社会背景下，各级领导开始注重农民创业，一些政策性措施频频出台，使农民的创业领域不断拓宽。人们应转变观念，善于思考，抓住机遇，从中发展事业。

后 记

激发贫困户内生动力，志智双扶是有效脱贫的关键之一。针对贫困群众“受穷不急、信心难立、脱贫无方”等问题，海南省扶贫开发领导小组决定，整合广播电视、远程教育站点、互联网、移动终端等资源，发挥媒体快捷、直观、群众喜闻乐见、教育面广等传播优势，开办海南省脱贫致富电视夜校。

2016 年 10 月，海南省脱贫致富电视夜校（以下简称“电视夜校”）工作推进小组成立，省领导任组长，省委组织部、省委宣传部、省扶贫办、海南广播电视大学、海南广播电视总台为副组长单位。电视夜校办公室设在海南广播电视大学，由海南广播电视大学党委书记任办公室主任。电视夜校采用“电视 + 夜校 + 服务热线”的模式，以快捷直观的教育方式，普及扶贫知识、提升脱贫能力、宣传诚信感恩，变“要我脱贫”为“我要脱贫”。电视夜校的同志在策划制作“电视夜校专题”的过程中，走访了大量的驻村第一书记、村党支部书记、农村致富带头人与贫困户、边缘户，被这些脱贫攻坚第一线的人们深深感动，在中共海南省委组织部、省扶贫办与各市县委组织部、扶贫办的支持下，编辑《海南脱贫攻坚与乡村振兴系列丛书》来记录“脱贫攻坚这一特殊时期做出特别贡献的人群”。该系列丛书最初想以通讯、报告文学等新闻类文体来写，后来经过反复考虑，决定以“案例”的形式来编写，一是能更为全面真实地再现“海南脱贫故事”；二是能增强系列丛书的史料性、探索性、可借鉴与可复制性。

电视夜校日常工作负责人曾纪军同志为系列丛书的策划与执行主编。系列丛书在忠实各市县提供的素材的基础上，不做任何艺术加工，只做文字与结构上的处理，按照案例写作的一般要求编撰而成；引用的数据及文字资料，截止到 2018 年底。

省委组织部组织二处的同志，从组织收集材料、撰写指导等方面做了大量的工作；各市县提供了大量鲜活感人的材料，在此深表感谢！

海南广播电视大学党委书记 孔令德

2020 年 4 月 8 日